Neues aus dem Brotback-automaten

Richard Ehrlich (Text)
Will Heap (Foto)

Neues aus dem Brotback-automaten

Bassermann

ISBN: 978-3-8094-2861-9

Deutsche Erstausgabe © 2012 by Bassermann Verlag, einem
Unternehmen der Verlagsgruppe Random House GmbH,
81673 München
First published in Great Britain in 2011 by Kyle Cathie
Limited
Originaltitel: 80 Recipes for your Breadmaker

Text © 2011 Richard Ehrlich
Photography © 2011 Will Heap
Design © 2011 Kyle Cathie Limited

Umschlaggestaltung: Atelier Versen, Bad Aibling
Übersetzung: Inge Uffelmann
Gesamtproducing der deutschen Ausgabe:
berliner buch.macher
Projektleitung: Anja Halveland

Die Ratschläge in diesem Buch sind vom Autor und vom
Verlag sorgfältig erwogen und geprüft, dennoch kann
eine Garantie nicht übernommen werden. Eine Haftung
des Autors bzw. des Verlags und seiner Beauftragten für
Personen-, Sach- und Vermögensschäden ist ausgeschlossen.

Druck und Verarbeitung: Toppan Leefung Printing Ltd.

Printed in China

817 2635 4453 6271

Inhalt

Einführung

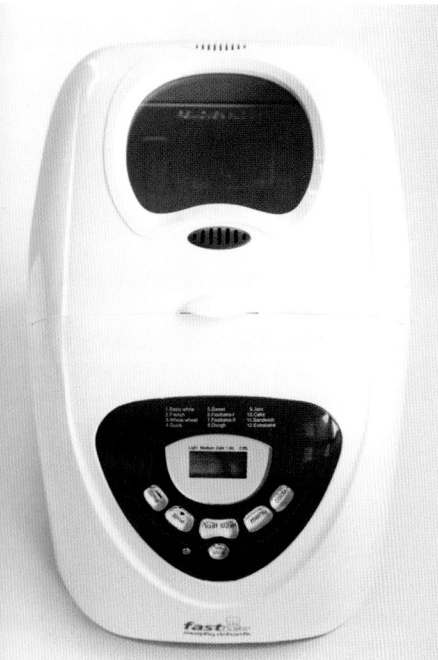

Ein im Brotbackautomaten hergestelltes Brot kann hervorragend sein – mindestens so gut wie ein im Laden gekauftes, manchmal sogar besser. Einige, die ich mit Hilfe der Maschine zubereitete, waren von einem handgemachten Brot nicht zu unterscheiden. Mich hat das positiv überrascht, denn jahrelang betrachtete ich die Apparate mit Skepsis; ich gab dem handgekneteten Teig den Vorzug.

Zwei Dinge haben mich von meinem Skeptizismus kuriert. Erstens habe ich erfahren, dass manche Menschen einfach physisch nicht in der Lage sind, den festen Teig zu kneten. Es fehlt ihnen aus Altersgründen an Kraft, sie haben Arthritis, leiden am Carpaltunnel-Syndrom oder was der überzeugenden Gründe mehr sein mögen. Auch Eltern kleiner Kinder sind so beschäftigt, dass ich das Argument, sie hätten zum Brotbacken von Hand keine Zeit, gelten lasse. Für diese Menschen ist der Brotbackautomat ein Segen. Zweitens aber scheinen die Automaten, seit ich den ersten vor etwa 15 bis 20 Jahren erprobte, verbessert worden zu sein. Damals produzierten sie Brote mit unbefriedigend fester Krume, und der Backbehälter war so geformt, dass Laibe entstanden, die keinem Brot ähnelten, das ich je gesehen hatte.

Die Automaten, die ich für die Rezepte dieses Buches verwendete, lieferten Brote mit angenehmer Krume und recht zufriedenstellender Kruste, und auch die Form erinnerte inzwischen an ein echtes Kastenbrot. Ich habe mich also zum Brotbackautomaten bekehren lassen. Wer ein selbst gemachtes Brot haben möchte, ohne sich der Mühe des Knetens unterziehen zu wollen, für den ist so ein Apparat ideal, denn er bietet die Möglichkeit, nur die Knetfunktion zu nutzen und dann (siehe die Rezepte der Seiten 86 bis 103) Backwerk herzustellen, das konventionell im Ofen gebacken wird. Dennoch muss man es ehrlich gestehen: Kein im Brotbackautomaten hergestelltes Brot kann es mit dem besten Brot eines professionellen Bäckers aufnehmen, der noch in der eigenen Backstube steht – aber die werden ja immer seltener. Doch wer individuelle Brote backen möchte, bei denen er seiner Experimentierfreude freien Lauf lassen kann, für den sind moderne Brotbackautomaten höchst empfehlenswerte Geräte.

Ein paar Tipps

Wenn Sie sich mit dem Gedanken tragen, einen Apparat zu kaufen, wählen Sie einen mit einem länglichen Backbehälter, der Kastenbrote produziert. Manche Behälter sind schmal und hoch und das Brot sieht dann aus wie ein Turm, eine Form, die mir die Apparate ursprünglich verleidete.

Erster Schritt: Bedienungsanleitung

Allen Automaten liegt eine ausführliche Bedienungsanleitung bei, die Sie unbedingt zuerst in Ruhe bei einer Tasse Kaffee oder Tee gründlich studieren und dann im späteren Gebrauch auch beachten sollten. Beachten Sie vor allem den Zeitplan, der angibt, wann die einzelnen Schritte stattfinden. Wahrscheinlich werden Sie auch später immer wieder einen Blick darauf werfen müssen, aber es ist gut, wenn Sie von Anfang an damit vertraut sind.

Das rechte Maß

Außer dem Automaten selbst brauchen Sie wenig anderes Zubehör, aber eine Waage ist unverzichtbar. Empfehlenswert ist eine mit Digitalanzeige, die Ihnen hilft, Mindestmengen auf das Gramm genau abzuwiegen. Am besten ist eine mit flacher Waagschale, auf die Sie den Backbehälter stellen können. Außerdem sind Messlöffel und skalierte Messbecher sehr nützlich. Liegen dem Apparat welche bei, benutzen Sie diese. Bei Messlöffelangaben handelt es sich immer um gestrichene Messlöffel, nicht um gehäufte. Füllen Sie den Messlöffel locker und streichen Sie mit einem Messerrücken den Überschuss gerade ab.

Die richtige Reihenfolge

Die Bedienungsanleitung jedes Geräts informiert Sie darüber, in welcher Reihenfolge Sie die Zutaten in den Backbehälter geben müssen. Folgen Sie dieser Empfehlung. Bedenken Sie vor allem, dass die Hefe nicht in direkten Kontakt mit Flüssigkeit kommen darf, weil sie sonst vorzeitig aktiviert wird. Das Mehl bildet quasi den Puffer zwischen Hefe und Flüssigkeit. Auch Salz und Hefe sollten nicht direkt zusammenkommen, denn Salz hemmt den Gärprozess (Zucker dagegen beschleunigt ihn). Das müssen Sie besonders beachten, wenn Sie die Zeitschaltautomatik verwenden und der Backprozess von selbst in Ihrer Abwesenheit anlaufen soll.

Ich liste bei meinen Rezepten die Zutaten in der Reihenfolge auf, die mein Automat vorsieht. Da die meisten Modelle diesem Prinzip folgen, können Sie sich an meine Anweisungen halten, statt jedes Mal in Ihre Bedienungsanleitung zu schauen. Ich bitte Sie aber zu beachten, dass weder der Verlag noch ich persönlich eine Haftung übernehmen können, wenn dadurch etwas schiefgeht.

Hauptzutaten

Für die Rezepte dieses Buchs wird grundsätzlich Trockenhefe verwendet, die nicht, wie frische Hefe, erst angerührt werden muss. Die neben der Hefe wichtigste Zutat zu einem Brot ist Mehl, von dem es die unterschiedlichsten Arten und Sorten gibt. Ich habe mich bemüht, die Zahl der Mehlsorten auf ein Minimum zu beschränken. Ich stelle sie hier (geordnet nach der Häufigkeit, in der ich sie einsetze) vor:

Weizenmehl

Zum Brotbacken sehr gut geeignet ist Weizenmehl Type 550 (oder die noch höheren Typenzahlen 1050 oder 1700). Es ist nicht so fein ausgemahlen wie Mehl der Type 405 – das übliche zum Kochen und Backen verwendete Mehl – und enthält daher mehr Gluten (Klebereiweiß), das gebraucht wird, damit das Brot beim Backen gut aufgeht.

Roggenmehl

Wie beim Weizenmehl unterscheidet man auch hier verschiedene Typen, ich verwende Type 997. Roggenmehl ist sehr mineralstoffreich und das typische Mehl für Sauerteigbrote. Da es nicht so gut aufgeht wie Weizenmehl, sollte man es nicht allein, sondern immer nur gemischt mit Weizenmehl verwenden.

Vollkornmehle

Sie werden aus dem ganzen Korn gemahlen und enthalten deshalb die meisten Nähr- und Ballaststoffe. Da Vollkornmehl ein schweres Mehl ist, das nicht so gut aufgeht, mische ich es in meinen Rezepten meist mit einem Anteil Weizenmehl. Zumeist verwende ich Weizenvollkornmehl, doch gibt es Vollkornmehle auch von anderen Getreidesorten.

Maismehl

Aus dem getrockneten Maiskorn gewonnenes hellgelbes Mehl für Maisbrote.

Grieß

Die beim Ausmahlen des Korns nach dem Schroten erreichte Zwischenstufe zwischen Schrot und Mehl ist der Grieß. Der aus dem besonders harten Durum-Weizen (man verwendet ihn zur Herstellung der typisch italienischen Pasta) gewonnene Hartweißengrieß verleiht der Krume eine besonders körnige Struktur.

Glutenfreie Mehle

Kein oder nur wenig Klebereiweiß enthaltende Mehle gehen beim Backen nicht so gut auf, sind aber eine Alternative für Menschen mit Weizenallergie oder Glutenintoleranz. Es gibt glutenfreie Mehlmischungen, die Reis-, Kartoffel-, Mais- und Buchweizenmehl sowie Tapioka enthalten.

.

Abschaben

Sobald die Maschine anfängt, den Teig zu kneten, sollte man ein Auge auf die Dinge haben, denn es kann sein, dass Zutaten an der Wand des Backbehälters hängen bleiben. Man schiebt sie dann einfach mit einem Gummi- oder Silikonspatel oder einem Holzlöffel nach unten, damit sie in den Teig eingeknetet werden. Keinen Gegenstand aus Metall verwenden, er könnte den Behälter verkratzen.

Kleine Angleichungen

Die Raumtemperatur und die Luftfeuchtigkeit können sich auf das Verhalten der Teigzutaten auswirken. Es kann also sein, dass Sie, obwohl Sie Zutaten in erprobter Weise und Menge verwenden, etwas nachregulieren müssen. Behalten Sie deshalb den Teig in der frühen Knetphase im Auge, denn es könnte sein, dass der Teig zu feucht ist und Sie noch etwas Mehl (esslöffelweise) zugeben müssen, oder er ist zu trocken und braucht noch 1 bis 2 Esslöffel lauwarmes Wasser.

Glasur

Das Brot bekommt eine bessere Textur und eine schönere Kruste, wenn Sie die Oberfläche, bevor der Backprozess beginnt, mit Butter oder Olivenöl einpinseln. Wenn Sie zum Bepinseln ein verquirltes Ei nehmen wollen, müssen Sie es wirklich gut verquirlen, damit es sich gleichmäßig verstreichen lässt.

Auf der Lauer liegen

Wenn die Maschine erst einmal läuft und Sie dafür gesorgt haben, dass nichts an der Wand des Backbehälters kleben bleibt, können Sie den Apparat für zwei bis drei Stunden seine Arbeit allein tun lassen. Es gibt nur zwei Momente, an denen Sie Gewehr bei Fuß stehen müssen: 1. Wenn kurz vor Beendigung des Knetvorgangs ein akustisches Signal ertönt, das Ihnen sagt, dass es Zeit ist, in das Brot einzubackende Zutaten wie Rosinen, Nüsse oder Ähnliches zuzugeben (es gibt aber Automaten mit einem speziellen Fach, die auch das selbsttätig erledigen). 2. Wenn das Brot fertig ist, denn dann sollte es möglichst schnell aus dem Gerät genommen werden, damit es nicht zu stark bräunt und, wichtiger noch, damit die Kruste nicht durch das sich unweigerlich entwickelnde Kondenswasser pappig wird. Damit das Brot ausdampfen kann, nimmt man es sofort aus dem Automaten und lässt es auf einem Kuchengitter auskühlen.

Reinigung

Was die Reinigung des Backbehälters und des Knethakens betrifft, so richten Sie sich nach den Anweisungen in der Betriebsanleitung des Herstellers. Meist ist der Behälter nach dem Backen nicht sonderlich verschmutzt.

Das Knethaken-Problem

Bei manchen Geräten ist es schwierig, das Brot aus dem Behälter zu bekommen, weil sich der Knethaken nicht löst, bei anderen ist es umgekehrt so, dass das Brot leicht aus dem Behälter rutscht, aber der Knethaken steckt im Boden des Brotes. Mir scheint dies das geringere Problem, denn der Haken lässt sich leicht mit Hilfe eines Kochlöffelstiels oder dem Griffteil eines Suppenlöffels entfernen. Lediglich ein paar Scheiben aus der Mitte des Brotes haben dann das typische Loch, das der Haken hinterlässt. Wer sich daran stört, nimmt den Teig aus dem Behälter, ehe der Backprozess beginnt, entfernt den Knethaken und gibt den Teig wieder hinein. Es bleibt dann nur ein sehr kleines Loch vom Aufsatzstift des Knethakens.

Vorsicht beim Vorprogrammieren

Wenn Sie den Backautomaten mit den Zutaten füllen und darauf programmieren, dass der ganze Prozess erst in einigen Stunden beginnen soll, ist es empfehlenswert, nur einfache Brote, keine mit Milch, Eiern und anderen verderblichen Zutaten angereicherte Teige zuzubereiten, denn Milch und Eier können während der Wartezeit verderben. Sie können aber Milch und Eier durch Trockenpulver ersetzen und die Wassermenge entsprechend erhöhen.

Salz

Ich gebe bei meinen Rezepten an, wie viel Salz Sie verwenden sollten. Für den Backprozess ist das Salz nicht unabdingbar notwendig, wohl aber für den Geschmack. Völlig auf das Salz verzichten sollten Sie also nicht, Sie können aber die von mir vorgeschlagene Menge um die Hälfte reduzieren, wenn Sie sich salzarm ernähren wollen oder müssen.

Das Aussehen ist nicht alles

Manchmal kommt ein Laib aus dem Automaten, der ästhetisch nicht voll befriedigt. Im Innern ist ein etwas zu großes Loch und die Mitte ist etwas eingesunken, die Kruste wölbt sich über einem kleinen Hohlraum, eine Seite ist höher aufgegangen als die andere. Ich weiß nicht, warum so etwas passiert, aber es ist mir auch egal. Für mich zählt der Geschmack, nicht das Aussehen, und der sollte auch für Sie Priorität haben.

Einfache Brote

Dies sind meine Rezepte für die unterschiedlichsten einfachen Brote. Sie genügen den Grundbedürfnissen und sie sind bestens geeignet, sich mit der Arbeitsweise des Brotbackautomaten vertraut zu machen. Einfach muss freilich absolut nicht langweilig heißen. Wenn Sie mögen, können Sie Extras hinzufügen, beispielsweise Gewürze oder getrocknete Kräuter, und schon ist aus dem einfachen Brot etwas Besonderes geworden. Alle hier vorgestellten Brote kann man für ein süß oder salzig belegtes Butterbrot oder ein Sandwich verwenden.

Die relativ große Menge Hefe macht das Brot
sehr leicht und luftig.

Hefeweißbrot

225 ml lauwarmes
Wasser
400 g Weizenmehl
Type 550
2 EL Pflanzenöl
1½ TL Salz
2 EL Zucker
2 TL Trockenhefe
Milch zum Bestreichen

Die Zutaten in der hier angegebenen Reihenfolge (oder in der vom Hersteller Ihres Automaten empfohlenen) in den Backbehälter geben. Die Oberfläche des Teigs kurz vor dem Backen mit Milch bestreichen. Das Programm »Normal« starten. Das fertige Brot sofort aus dem Behälter nehmen und auf einem Kuchengitter auskühlen lassen.

Man kann 2 EL Weizen- oder Haferkleie unter das Mehl mischen (ohne die anderen Zutatenmengen verändern zu müssen), um den Ballaststoffanteil des Brotes zu erhöhen.

Das irischer Tradition entsprechende Brot wird mit Buttermilch zubereitet, doch kann man auch eine Kombination aus Milch und Joghurt nehmen. Da keine Hefe, sondern Natron als Triebmittel verwendet wird, ist die Krume kuchenähnlich. Das Brot, das gut zu Rührei und Räucherfisch passt, sollte noch am Tag der Zubereitung verzehrt werden.

Buttermilchbrot

300 ml Buttermilch
(oder 150 ml Joghurt
und 150 ml Milch)
150 g Weizenvollkorn-
mehl
75 g Weizenmehl
Type 550
2 EL Haferkleie
1 TL Salz
1½ TL Natron

Alle Zutaten in einer Schüssel mischen und in den Backbehälter füllen. Das Programm »Backen« starten und die Zeituhr auf 50 Minuten stellen. Nach Beendigung der Backzeit mit einem Holzspieß die Garprobe machen. Ein mitten in das Brot gestochener Holzspieß muss sauber herauskommen. Hängt noch Teig daran, die Backzeit um 10 Minuten verlängern. Erneut die Garprobe machen. Das fertige Brot sofort aus dem Behälter nehmen und auf einem Kuchengitter auskühlen lassen.

In den Südstaaten Nordamerikas ist Maisbrot nicht wegzudenken. Man isst es zu gegrilltem Huhn, geschmortem Fleisch und Fischeintöpfen. Es ist ein sehr weiches, kuchenartiges Brot.

Maisbrot

250 g feines oder
grobes Maismehl
75 g Weizenmehl
Type 550
2 TL Backpulver
½ TL Salz
325 ml Milch
100 g weiche Butter,
in Flöckchen
1 Ei, verquirlt

Alle Zutaten in einer Schüssel mischen, in den Backbehälter füllen und die Oberfläche glatt streichen. Das Programm »Backen« starten und die Zeituhr auf 60 Minuten stellen. Das fertige Brot sofort aus dem Behälter nehmen und auf einem Kuchengitter etwas auskühlen lassen. Das Brot noch warm verzehren.

Es gibt zahlreiche Varianten des Rezepts, dazu gehört auch das Käse-Maisbrot, das ich auf Seite 50 vorstelle. Man kann dem Teig getrocknete Kräuter untermischen (Thymian passt besonders gut) oder fein gehackten Schnittlauch oder Frühlingszwiebeln oder einfach nur frisch gemahlenen schwarzen Pfeffer.

Roggenbrot ist eine großartige Sache, aber es gilt zu beachten, dass Roggenmehl nicht sonderlich gut aufgeht, weshalb man es mit Weizenmehl mischt. Meine Mischung garantiert den Geschmack des Roggens in einem dennoch gut aufgehenden Brot, das gut zu sauer mariniertem Fisch und zu Aufschnitt passt.

Roggenbrot

250 ml lauwarmes
   Wasser
50 g weiche Butter,
   in Flöckchen
225 g Weizenmehl
   Type 550
50 g Weizenvollkornmehl
100 g Roggenmehl
   Type 997
1 TL Salz
2 TL Kümmel (plus extra
   zum Bestreuen)
1¼ TL Trockenhefe

Die Zutaten in der hier angegebenen Reihenfolge (oder in der vom Hersteller Ihres Automaten empfohlenen) in den Backbehälter geben. Das Programm »Normal« starten. Wenn der Knetprozess beendet ist, die Oberfläche des Teigs kurz vor dem Backen mit Wasser bestreichen und mit Kümmel bestreuen. Das fertige Brot sofort aus dem Behälter nehmen und auf einem Kuchengitter auskühlen lassen.

Je größer der Anteil an Roggenmehl, desto besser der Geschmack des Brotes. Wenn das Rezept gelungen ist, können Sie folgende Variante versuchen: 175 g Weizenmehl Type 550 und 150 g Roggenmehl Type 997. Es wird nicht so gut aufgehen, aber vorzüglich schmecken.

Deutsches Roggenbrot wird traditionell mit Sauerteig hergestellt. Ich liefere hier eine Anleitung, wie man Sauerteig selbst ansetzt, sowie Rezepte für Sauerteigbrote.

Sauerteig
Einleitung

Sauerteigbrot, das ohne Hefe hergestellt wird, gilt manchen als die Krönung der Brotbackkunst. Vielleicht haben sie Recht, vielleicht auch nicht. Ich denke, dass ein gutes Sauerteigbrot zum Besten gehört, was man kriegen kann, und bei meinen Abenteuern mit dem Brotbackautomaten habe ich zwei Dinge gelernt: Selbst Sauerteig anzusetzen ist längst nicht so kompliziert, wie immer behauptet wird, und entgegen dem, was manche Gerätehersteller behaupten, kann man auch im Automaten Sauerteigbrot backen.

Zunächst wird der Sauerteig angesetzt. Was kompliziert aussieht, ist im Grunde ganz einfach, man muss nur vier Tage hintereinander Mehl und Wasser in einer gut verschließbaren Schüssel (oder einem mittelgroßen Einmachglas) mischen und gären lassen. Am fünften Tag hat man dann den gebrauchsfertigen Sauerteig.

Der Ansatz sollte warm stehen, empfohlen werden 28 °C, was schwierig ist, wenn man keinen Brutschrank besitzt. Doch wenn man die Schüssel oder das Glas neben einem sonnigen Fenster (oder im Winter neben der Heizung) postiert und das Gefäß gelegentlich ein wenig dreht, damit die Wärme nicht nur von einer Seite kommt, funktioniert es meist auch.

Sauerteig-Ansatz

Wegen der größeren Genauigkeit gebe ich die Flüssigkeitsmenge in Gramm an. 1 g Wasser entspricht 1 ml.

Erster Tag
40 g Weizenvollkornmehl
40 g Wasser

Mehl und Wasser in einer großen Schüssel mischen und fest verschließen.

Zweiter Tag
40 g Weizenvollkornmehl
40 g Wasser

Mehl und Wasser in den existierenden Vorteig einrühren und fest verschließen.

Dritter Tag
40 g Weizenvollkornmehl
20 g Wasser

Mehl und Wasser in den existierenden Vorteig einrühren und fest verschließen.

Vierter Tag
120 g Weizenmehl Type 550
100 g Wasser

Mehl und Wasser in den existierenden Vorteig einrühren und fest verschließen. Dieser Sauerteig kann am nächsten Tag benutzt werden.

Sauerteig-Ansatz verwenden

Einmal angesetzter Sauerteig kann im Kühlschrank in einem fest schließenden Gefäß nahezu unbegrenzt aufbewahrt werden. Man muss ihn nur einmal in der Woche durchrühren, die Hälfte abnehmen und durch die entsprechende Menge frisches Wasser und Mehl ersetzen.

Wem das alles zu heikel oder zu viel Aufwand ist, kauft im Bio- oder Supermarkt oder beim Bäcker fertigen Sauerteig.

Ein Brot mit kompakter Krume, wie man sie von einem Sauerteigbrot erwartet. Wer eine leichtere Krume bevorzugt, nimmt 300 g Sauerteig und 300 g Weizenmehl Type 550.

Sauerteig-Vollkornbrot

250 g Sauerteig
225 ml Wasser
75 g Weizenmehl
    Type 550
225 g Weizenvollkorn-
    mehl
2 EL Haferkleie (nach
    Geschmack)
1 TL Salz
zerlassene Butter oder
    Öl zum Bestreichen

Die Zutaten in der hier angegebenen Reihenfolge (oder in der vom Hersteller Ihres Automaten empfohlenen) in den Backbehälter geben. Das Programm »Teig/Kneten« starten. Wenn der Knetprozess beendet ist, den Teig aus dem Behälter nehmen und den Knethaken entfernen. Den Teig im Behälter gehen lassen, bis er sein Volumen verdoppelt hat. Die Oberfläche kurz vor dem Backen mit Butter oder Öl bestreichen. Das Programm »Backen« starten und die Zeituhr auf 60 Minuten stellen. Das fertige Brot sofort aus dem Behälter nehmen und auf einem Kuchengitter auskühlen lassen.

Auch dies ist ein Brot mit recht kompakter Krume, das, dünn geschnitten und dann getoastet, oder in der Pfanne geröstet zu Aufschnitt oder kräftigem Käse passt.

Sauerteig-Grießbrot

150 ml Wasser
125 g Sauerteig
100 g Weizenmehl
    Type 550
200 g Hartweizengrieß
1 TL Salz

Die Zutaten in der hier angegebenen Reihenfolge (oder in der vom Hersteller Ihres Automaten empfohlenen) in den Backbehälter geben. Das Programm »Teig/Kneten« starten. Den gekneteten Teig im Behälter gehen lassen, bis er sein Volumen etwa verdoppelt hat, was bei warmem Wetter 2–3 Stunden, bei kühlen Temperaturen auch 4–6 Stunden dauern kann.

Die Oberfläche kurz vor dem Backen nach Geschmack mit Butter bestreichen. Das Programm »Backen« starten und die Zeituhr auf 70 Minuten stellen. Das fertige Brot sofort aus dem Behälter nehmen und auf einem Kuchengitter auskühlen lassen.

Da meine Tochter Rebecca keine Hefe verträgt habe ich dieses mit Backpulver zubereitete Brot für sie kreiert. Es wird wie ein Kuchen mit Rührteig gemacht, der nicht geknetet wird. Als Besucher davon aßen, waren sie begeistert und wollten nicht glauben, dass es ohne Hefe zubereitet war. Um den Ballaststoffgehalt zu erhöhen, können Sie 1–2 EL Kleie untermischen.

Weißbrot ohne Hefe

200 ml lauwarmes
    Wasser
150 g Weizenmehl
    Type 450
100 g Weizenmehl
    Type 550
1½ TL Backpulver
30 ml Pflanzenöl
1 Ei, leicht verquirlt
1 TL Zucker
1 TL Salz

Die Mehle und das Backpulver in eine Schüssel sieben. Die übrigen Zutaten hinzufügen und durchrühren, bis alles gut gemischt ist. Den Teig in den Backbehälter füllen. Das Programm »Backen« starten und die Zeituhr auf 60 Minuten stellen. Das fertige Brot sofort aus dem Behälter nehmen und auf einem Kuchengitter auskühlen lassen.

Buchweizenmehl wird nur selten zum Brotbacken verwendet,
denn es enthält keinen Kleber und geht nicht gut auf. Doch es
hat einen wunderbaren Geschmack, wie jeder weiß, der schon
einmal Blinis, die kleinen russischen Hefepfannkuchen, gegessen
hat. Das Brot hat den herb-erdigen Buchweizengeschmack und
geht doch gut auf. Es passt – wie Blinis – zu Räucherfisch,
Kaviar, saurer Sahne und Schnittlauch.

Buchweizenbrot

300 ml lauwarmes
 Wasser
300 g Weizenmehl
 Type 550
75 g Weizenvollkornmehl
75 g Buchweizenmehl
1 EL Pflanzenöl
50 g weiche Butter
1¼ TL Salz
1¼ TL Trockenhefe

Die Zutaten in der hier angegebenen Reihenfolge (oder in
der vom Hersteller Ihres Automaten empfohlenen) in den
Backbehälter geben. Das Programm »Normal« starten.
Das fertige Brot sofort aus dem Behälter nehmen und auf
einem Kuchengitter auskühlen lassen.

Gelb ist das Brot, weil es Eier und Kurkuma (Gelbwurz) enthält, jenes
Gewürz, das auch dem Curry seine Farbe verleiht. Ich verwende nur
wenig Hefe und lasse den Teig nach dem Kneten von sich aus gehen.
Wenn Sie das volle Automatenprogramm nutzen wollen, nehmen Sie
die doppelte Menge Hefe und programmieren Sie »Normal«.

Gelbes Brot

125 ml lauwarmes
   Wasser
3 Eier
50 g Weizenvollkornmehl
350 g Weizenmehl
   Type 550
25 g weiche Butter,
   in Flöckchen
2 TL flüssiger Honig
½ TL Kurkuma
   (Gelbwurz)
½ TL Salz
½ TL Trockenhefe
zerlassene Butter oder
   Öl zum Bestreichen
grobes Salz zum
   Bestreuen

Die Zutaten in der hier angegebenen Reihenfolge (oder
in der vom Hersteller Ihres Automaten empfohlenen) in
den Backbehälter geben. Das Programm »Teig/Kneten«
starten. Wenn der Knetprozess beendet ist, den Teig
aus dem Behälter nehmen und den Knethaken vorsichtig
entfernen. Den Teig im Backbehälter gehen lassen, bis
er sein Volumen etwa verdoppelt hat.

Die Oberfläche kurz vor dem Backen mit zerlassener Butter oder Öl bestreichen und nach Geschmack mit grobem
Salz bestreuen. Das Programm »Backen« starten und
die Zeituhr auf 60 Minuten stellen. Das fertige Brot sofort
aus dem Behälter nehmen und auf einem Kuchengitter
auskühlen lassen.

Das Brot im Bild zeigt einen der kleinen kosmetischen
Fehler, die gelegentlich vorkommen – in diesem Fall eine
tropfenförmige Luftblase. Fragen Sie mich nicht, warum
so etwas passiert, es gehört zu den kleinen Geheimnis-
sen des Lebens. Mich beunruhigt es nicht, denn mir
kommt es auf den Geschmack, nicht auf das perfekte
Erscheinungsbild an.

Hafermehl, gemischt mit Weizen- und Weizenvollkornmehl, verleiht diesem schlichten Brot seine
leckere Krume. Ein feines Frühstücksbrot, das
man mit Butter und Konfitüre genießen kann.

Hafermehlbrot

225 ml lauwarmes
  Wasser
50 g Hafermehl
100 g Weizenvollkorn-
  mehl
200 g Weizenmehl
  Type 550
25 g Haferkleie
1 EL flüssiger Honig
1 TL Salz
1 ¼ TL Trockenhefe

Die Zutaten in der hier angegebenen Reihenfolge (oder in
der vom Hersteller Ihres Automaten empfohlenen) in den
Backbehälter geben. Das Programm »Normal« starten.
Das fertige Brot sofort aus dem Behälter nehmen und auf
einem Kuchengitter auskühlen lassen.

Nach Geschmack kann man den Honig durch die geschmacklich intensivere Melasse oder durch Rübensirup
ersetzen.

Das jüdische Sabbatbrot wird traditionell als Zopf aus drei
Strängen gebacken und gern mit Mohn bestreut. Genießen
Sie es getoastet oder ungetoastet zu Eiern oder cremigem
Frischkäse.

Challah

125 ml lauwarmes
   Wasser
375 g Weizenmehl
   Type 550
25 g Haferkleie
50 g Zucker
3 Eier, verquirlt
1 TL Trockenhefe
1 TL Salz

Die Zutaten in der hier angegebenen Reihenfolge (oder in
der vom Hersteller Ihres Automaten empfohlenen) in den
Backbehälter geben. Das Programm »Normal« starten.
Das fertige Brot sofort aus dem Behälter nehmen und auf
einem Kuchengitter auskühlen lassen.

Das süße, festkrumige Brot ist ideal für einen Brunch
am Wochenende.

Vollkorn-Honig-Brot

200 ml lauwarme Milch
250 g Weizenvollkorn-
   mehl
100 g Weizenmehl
   Type 550
2 EL Pflanzenöl
5 EL flüssiger Honig
½ TL Salz
1 TL Trockenhefe
50 g Walnüsse, fein
   gehackt

Die Zutaten – bis auf die Walnüsse – in der hier angegebenen Reihenfolge (oder in der vom Hersteller Ihres Automaten empfohlenen) in den Backbehälter geben. Das
Programm »Normal« starten. Wenn kurz vor Beendigung
des Knetprozesses das akustische Signal ertönt, die
Walnüsse dazugeben. Das fertige Brot sofort aus dem
Behälter nehmen und auf einem Kuchengitter auskühlen
lassen.

Verwenden Sie ein Bier mit vollem Geschmack, vorzugsweise ein dunkles.

Bierbrot

330 ml Bier
  (vorzugsweise dunkles)
50 g Roggenmehl
  Type 997
100 g Weizenmehl
  Type 550
300 g Weizenvollkorn-
  mehl
2 EL Malzextrakt
¼ TL Nelkenpulver
1½ TL Salz
1¼ TL Trockenhefe

Die Zutaten in der hier angegebenen Reihenfolge (oder in der vom Hersteller Ihres Automaten empfohlenen) in den Backbehälter geben. Das Programm »Normal« starten. Das fertige Brot sofort aus dem Behälter nehmen und auf einem Kuchengitter auskühlen lassen.

Schon als Kind liebte ich Rosinenbrot, und dieses bringt besonders süße Kindheitserinnerungen zurück. Ganz frisch und noch warm mit Butter bestrichen, ist es unschlagbar zu einem Glas warmer Milch oder einer guten Tasse Tee.

Rosinenbrot

100 g Rosinen
400 ml lauwarmes
    Wasser
500 g Weizenmehl
    Type 550
50 g Weizenvollkornmehl
50 g brauner Zucker
50 g weiche Butter,
    in Flöckchen
2 Eier, verquirlt
½ TL Salz
1¼ TL Trockenhefe
1 TL Zimtpulver
verquirltes Ei zum
    Bestreichen

25 g der Rosinen 10 Minuten in heißem Wasser einweichen, abgießen und mit den restlichen Rosinen in einer Schüssel griffbereit stellen.

Die Zutaten – außer den Rosinen, dem Zimt und dem Ei zum Bestreichen – in der hier angegebenen Reihenfolge (oder in der vom Hersteller Ihres Automaten empfohlenen) in den Backbehälter geben. Die Oberfläche des Teigs kurz vor dem Backen mit verquirltem Ei bestreichen. Das Programm »Normal« starten. Wenn kurz vor Beendigung des Knetprozesses das akustische Signal ertönt, die Rosinen und den Zimt hinzufügen. Das fertige Brot sofort aus dem Behälter nehmen und auf einem Kuchengitter auskühlen lassen.

Die Rosinen einzuweichen ist nicht zwingend notwendig, aber zwischen den eingeweichten und den uneingeweichten gibt es einen angenehmen Kontrast im Biss. Auch werden einige der eingeweichten Rosinen beim Kneten zerdrückt; ihr Geschmack verteilt sich so im ganzen Brot.

Tipp: Das Brot ist nicht sehr süß. Wer es süßer mag, fügt noch 25 g weißen Zucker hinzu.

Dieses stark mit Gewürzen angereicherte Brot ist die ideale
Beilage zu geschmacklich neutralen, einfachen Gerichten wie
gekochter Fisch oder Hähnchenbrust mit mildem Gemüse.
Getoastet passt das Brot zu milden cremigen Dips.

Gewürzbrot

200 ml lauwarmes
   Wasser
250 g Weizenmehl
   Type 550
je ½ TL Kardamom,
   schwarzer Pfeffer,
   Kümmel und Koriander,
   grob zerstoßen
¼ TL Zimtpulver
½ TL Salz
2 EL Olivenöl
1¼ TL Trockenhefe

Die Zutaten in der hier angegebenen Reihenfolge (oder in
der vom Hersteller Ihres Automaten empfohlenen) in den
Backbehälter geben. Das Programm »Normal« starten.
Das fertige Brot sofort aus dem Behälter nehmen und auf
einem Kuchengitter auskühlen lassen.

Wer mag, kann Kardamom, Kümmel und Koriander auch
als ganze Körner an den Teig geben und den Pfeffer sehr
grob mahlen. Es macht die Krume des Brotes »crunchy«,
aber bedenken Sie auch, dass gerade Koriander und
Kardamom sehr intensive Gewürze sind, auf die zu bei-
ßen nicht jedermanns Sache ist. Die Hälfte des Wassers
können Sie durch Milch ersetzen, das Olivenöl durch
zerlassene Butter.

Ein weiches Brot mit delikater Krume, dem die Gewürze Rasse verleihen. Ein Frühstücksbrot für die besondere Gelegenheit. Reichen Sie Joghurt und/oder Früchte dazu.

Süßes Gewürzbrot

275 ml lauwarme Milch
375 g Weizenmehl
  Type 550
50 g weiche Butter,
  in Flöckchen
1 Ei, verquirlt
¼ TL Nelkenpulver
½ TL Pimentpulver
1 TL Ingwerpulver
1 TL Zimtpulver
¼ TL gemahlene
  Muskatnuss oder Macis
4 EL brauner Zucker
1 TL Trockenhefe

Die Zutaten in der hier angegebenen Reihenfolge (oder in der vom Hersteller Ihres Automaten empfohlenen) in den Backbehälter geben. Das Programm »Normal« starten. Das fertige Brot sofort aus dem Behälter nehmen und auf einem Kuchengitter auskühlen lassen.

Das geschmacklich sehr intensive Brot ist nichts für jeden Tag, aber wenn man Lust darauf hat, möchte man es gleich haben; also ist es ein Kandidat fürs Einfrieren. Schneiden Sie das gebackene Brot in Scheiben, legen Sie die Scheiben nebeneinander auf ein Blech und lassen Sie sie anfrieren und packen Sie sie erst dann in Gefrierbeutel. Durch das Anfrieren verhindert man, dass die Scheiben im Beutel aneinanderhaften. Zum Verzehr die Scheiben direkt tiefgefroren in den Toaster geben.

Als ich einmal ein paar getrocknete Feigen übrig hatte, kreierte ich dieses Brot und war von dem guten Ergebnis selbst überrascht. Die Feigen verleihen ihm eine leichte Süße und den unverwechselbaren Geschmack von Trockenfrüchten. Zusammen mit den grob geschroteten Körnern im Mehl hat dieses als Frühstücksbrot gut geeignete Brot einen besonderen Biss.

Feigenbrot

300 ml lauwarmes Wasser
200 g Weizenmehl Type 550
100 g Vollkornweizenmehl
100 g Mehrkornschrot
4 EL Pflanzenöl
1¼ TL Trockenhefe
1 TL Salz
4 getrocknete Feigen, sehr fein gehackt
verquirltes Ei oder zerlassene Butter zum Bestreichen

Die Zutaten – außer den Feigen und dem Ei oder der Butter zum Bestreichen – in der hier angegebenen Reihenfolge (oder in der vom Hersteller Ihres Automaten empfohlenen) in den Backbehälter geben. Die Oberfläche des Teigs kurz vor dem Backen mit verquirltem Ei oder zerlassener Butter bestreichen. Das Programm »Normal« starten. Wenn kurz vor Beendigung des Knetprozesses das akustische Signal ertönt, die Feigen hinzufügen. Das fertige Brot sofort aus dem Backbehälter nehmen und auf einem Kuchengitter auskühlen lassen.

Tipp: Schrot oder auch voll ausgemahlenes Mehrkornmehl bekommen Sie in gut sortierten Supermärkten, in Reformhäusern oder Bioläden.

Dieses Brot hat eine wunderbar zarte, dennoch dichte Krume und der Dill verleiht ihm Pep.

Kartoffel-Dill-Brot

125 g mehlig kochende Kartoffel
350 ml lauwarme Milch
400 g Weizenmehl Type 550
50 g Butter
1 TL Salz
1 TL Dillsamen
12–15 frische Zweige Dill, fein gehackt
1 Knoblauchzehe, fein gehackt
1 TL Trockenhefe
zerlassene Butter zum Bestreichen

Die Kartoffel schälen, klein würfeln und in wenig Salzwasser in etwa 15 Minuten gar kochen. Abgießen, mit einer Gabel völlig zerdrücken und erkalten lassen.

Die Zutaten in der hier angegebenen Reihenfolge (oder in der vom Hersteller Ihres Automaten empfohlenen) in den Backbehälter geben. Die Kartoffel nach dem Mehl hineingeben. Das Programm »Normal« starten. Die Oberfläche des Teigs kurz vor dem Backen mit zerlassener Butter bestreichen. Das fertige Brot sofort aus dem Backbehälter nehmen und auf einem Kuchengitter auskühlen lassen.

Es handelt sich hierbei nicht um eine echte Brioche, jene zarte französische Köstlichkeit, die zwischen Brot und Kuchen angesiedelt ist, aber das Brot enthält Eier und ist relativ süß. Ein herrliches Brot zum Nachmittagstee oder eine Grundlage für frische Früchte mit Schlagsahne oder Frischkäse.

Brioche-Kastenbrot

150 ml lauwarme Milch
300 g Weizenmehl
   Type 550
3 Eier, verquirlt
50 g Zucker
75 g zerlassene Butter,
   abgekühlt
½ TL Salz
1¼ TL Trockenhefe
zerlassene Butter zum
   Bestreichen

Die Zutaten in der hier angegebenen Reihenfolge (oder in der vom Hersteller Ihres Automaten empfohlenen) in den Backbehälter geben. Das Programm »Teig/Kneten« starten. Wenn der Knetprozess beendet ist, den Teig aus dem Behälter nehmen und den Knethaken entfernen. Den Teig im Backbehälter gehen lassen, bis er sein Volumen verdoppelt hat (dauert etwa 1 Stunde).

Die Oberfläche kurz vor dem Backen mit zerlassener Butter bestreichen. Das Programm »Backen« starten und die Zeituhr auf 30–40 Minuten stellen. Backen, bis die Oberfläche leicht gebräunt ist und es hohl klingt, wenn man mit dem Fingerknöchel unten gegen das Brot klopft. Das fertige Brot sofort aus dem Backbehälter nehmen und auf einem Kuchengitter auskühlen lassen.

Das Brot ergibt herrliche Brösel zum Überbacken von süßen und pikanten Aufläufen. Lassen Sie Reste auf dem Kuchengitter völlig austrocknen und geben Sie sie in einen Plastikbeutel. Rollen Sie mit dem Nudelholz darüber, bis Brösel entstanden sind.

Brote mit besonderen Zutaten

Nahezu alles, was man als Belag auf ein Brot tun kann, kann man auch direkt in den Teig geben und mitbacken, um so ein besonders reichhaltiges und schmackhaftes Brot zu erhalten. Ich bin sicher, Sie werden nach einiger Zeit Ihre eigenen Ideen entwickeln. Nur ein Wort der Warnung: Sobald man eine »fremde« Zutat an den Teig gibt, fügt man ihm ein Element hinzu, das sich unvorhersehbar entwickeln kann. Da keine zwei Zwiebelsorten, Pestos etc. sich völlig gleich sind, empfiehlt sich, bei den Broten dieses Kapitels den Teig während des Knetens besonders aufmerksam zu beobachten, um gegebenenfalls mehr Mehl oder Wasser dazugeben zu können. Angereicherte Brote neigen besonders stark zum Einsinken, was das Aussehen beeinträchtigt, aber in keinem Fall den Geschmack.

Ob getoastet oder ungetoastet, dieses Brot ist eine wunderbare Ergänzung zu einem großen bunten Sommersalat. Nach Geschmack können Sie einen jungen frischen Ziegenkäse wählen oder einen kräftigeren, ausgereifteren. Auch einen ½ TL getrockneten Thymian, der gut zu Ziegenkäse passt, können Sie unter den Teig mischen.

Ziegenkäse-Tomaten-Brot

300 ml lauwarmes
  Wasser
450 g Weizenmehl
  Type 550
2 EL Olivenöl
50 g sonnengetrocknete
  Tomaten, fein gehackt
1 TL Salz
1 TL Trockenhefe
100 g Ziegenkäse, zer-
  krümelt oder geraffelt

Die Zutaten in der hier angegebenen Reihenfolge (oder in der vom Hersteller Ihres Automaten empfohlenen) in den Backbehälter geben. Das Programm »Normal« starten.

Das fertige Brot sofort aus dem Backbehälter nehmen und auf einem Kuchengitter auskühlen lassen.

Ein ausgesprochen schmackhaftes Brot. Den gekneteten Teig lasse ich gehen, so lange er eben braucht, denn ich verwende eine relativ kleine Menge Hefe. Indem der Teig langsam geht, können Knoblauch und Zwiebel ihren Geschmack voll entfalten. Wollen Sie lieber alles in einem Zug durchziehen, nehmen Sie 1 TL Trockenhefe und starten das Programm »Normal«.

Zwiebel-Knoblauch-Brot

60 ml Pflanzenöl oder
   zerlassene Butter
1 kleine Zwiebel,
   fein gehackt
2 große Knoblauch-
   zehen, fein gehackt
300 ml lauwarmes
   Wasser
500 g Weizenmehl
   Type 550
1 TL Kreuzkümmel
1 TL Salz
½ TL Trockenhefe
zerlassene Butter zum
   Bestreichen

Das Pflanzenöl oder die Butter in einer kleinen Pfanne erhitzen. Die Zwiebel und den Knoblauch darin vorsichtig andünsten, bis sie leicht Farbe genommen haben (etwa 5 Minuten). Auf Zimmertemperatur abkühlen lassen.

Die Zutaten in der hier angegebenen Reihenfolge (oder in der vom Hersteller Ihres Automaten empfohlenen) in den Backbehälter geben. Das Programm »Teig/Kneten« starten. Den gekneteten Teig aus dem Behälter nehmen und den Knethaken entfernen. Den Teig im Backbehälter gehen lassen, bis er sein Volumen verdoppelt hat (kann je nach Temperatur in Ihrer Küche 1–3 Stunden dauern). Die Oberfläche kurz vor dem Backen nach Geschmack mit Butter bestreichen. Das Programm »Backen« starten und die Zeituhr auf 60 Minuten stellen. Das fertige Brot sofort aus dem Behälter nehmen und auf einem Kuchengitter auskühlen lassen.

Statt Kreuzkümmel können Sie auch Koriander, Kümmel oder Dillsamen nehmen und die Menge nach Geschmack vergrößern.

Ein sehr schmackhaftes Brot. Zarte italienische Käse wie Fontina passen als Belag ebenso wie gegrillte Hähnchenbrust. Achten Sie nur darauf, dass Sie den Strunk des Fenchels ausschneiden, er kann unangenehm hart bleiben, wenn er in den Teig kommt.

Fenchel-Zwiebel-Brot

250 ml lauwarmes
Wasser
1 EL Olivenöl
375 g Weizenmehl
Type 550
1 TL Salz
1 TL Trockenhefe
100 g Fenchelknolle,
auf dem Gurkenhobel
geschnitten
100 g rote Zwiebel, auf
dem Gurkenhobel
geschnitten
Olivenöl zum
Bestreichen

Die Zutaten – bis auf den Fenchel und die Zwiebel – in der hier angegebenen Reihenfolge (oder in der vom Hersteller Ihres Automaten empfohlenen) in den Backbehälter geben. Die Oberfläche des Teigs kurz vor dem Backen mit Olivenöl bestreichen. Das Programm »Normal« starten. Wenn kurz vor Beendigung des Knetprozesses das akustische Signal ertönt, den Fenchel und die Zwiebel dazugeben. Das fertige Brot sofort aus dem Backbehälter nehmen und auf einem Kuchengitter auskühlen lassen.

Das in den amerikanischen Südstaaten als Tex-Mex-Cornbread – texanisch-mexikanisches Maisbrot – bekannte Brot wird dort mit deutlich mehr Chilis zubereitet, als ich hier vorschlage. Mehr als zehn eingelegte Jalapeños sollten Sie allerdings nicht nehmen, weil der Teig sonst zu feucht wird. Wem diese Schärfe trotzdem nicht reicht, kann zusätzlich zerbröselte getrocknete Chilis untermischen oder statt der eingelegten frische Chilis nach Geschmack verwenden. Das Brot passt besonders gut zu Rührei.

Käse-Maisbrot mit Jalapeños

250 g feines oder grobes
  Maismehl
75 g Weizenmehl
  Type 550
2 TL Backpulver
½ TL Salz
325 ml Milch
50 g weiche Butter,
  in Flöckchen
50 g geraffelter Cheddar
  oder Gouda
1 Ei, verquirlt
1–2 sauer eingelegte
  Jalapeño-Chilis,
  fein gehackt

Alle Zutaten in einer Schüssel mischen, in den Backbehälter füllen und die Oberfläche glatt streichen. Das Programm »Backen« starten und die Zeituhr auf 60 Minuten stellen. Danach den Behälter sofort aus dem Gerät nehmen, aber das Brot noch etwa 10 Minuten darin ruhen lassen, erst dann vorsichtig auf das Kuchengitter stürzen. Weitere 5 Minuten ruhen lassen. Das Brot noch warm verzehren.

KIF ist meine Abkürzung für Knoblauch-Ingwer-Frühlings-zwiebel. Ich verehre diese Dreifaltigkeit der chinesischen Küche in all ihren Erscheinungsformen, zum Beispiel auch in diesem außergewöhnlichen und herausragenden Brot.

KIF-Brot

200 ml lauwarmes Wasser
1 TL Salz
275 g Weizenmehl
   Type 550
1 TL Trockenhefe
1 EL Pflanzenöl
1 TL dunkles Sesamöl
1 Ei, verquirlt
1 große Knoblauchzehe,
   fein gehackt
1 Stück frische
   Ingwerwurzel (1–2 cm),
   sehr fein gehackt
1 große oder 2 kleine
   Frühlingszwiebeln,
   in feinste Ringe
   geschnitten
verquirltes Ei zum
   Bestreichen

Die Zutaten – außer Knoblauch, Ingwer und Frühlings-zwiebeln (KIF) – in der hier angegebenen Reihenfolge (oder in der vom Hersteller Ihres Automaten empfoh-lenen) in den Backbehälter geben. Die Oberfläche des Teigs kurz vor dem Backen mit verquirltem Ei bestrei-chen. Das Programm »Normal« starten. Wenn kurz vor Beendigung des Knetprozesses das akustische Signal ertönt, KIF dazugeben. Das fertige Brot sofort aus dem Backbehälter nehmen und auf einem Kuchengitter aus-kühlen lassen.

Diese – ausgesprochen schmackhafte – Variante von dem hefefreien Weißbrot (siehe Seite 26) zeigt, dass man auch dieses Rezept als ein Grundrezept ansehen kann, das sich beliebig abwandeln lässt.

Knoblauch-Oliven-Brot ohne Hefe

200 ml lauwarmes
  Wasser
150 g Weizenmehl
  Type 450
100 g Weizenmehl
  Type 550
1½ TL Backpulver
1 Knoblauchzehe, fein
  gehackt
1 kleine rote oder grüne
  Chilischote, entkernt,
  fein gehackt
50 g Butter, zerlassen
1 Ei, leicht verquirlt
1 TL Salz
5 große grüne Oliven,
  entsteint, fein gehackt
Olivenöl zum Bestreichen

Die Mehle und das Backpulver in eine Schüssel sieben. Die übrigen Zutaten bis auf die Oliven hinzufügen und durchrühren, bis alles gut gemischt ist. Den Teig in den Backbehälter füllen und die Oliven darauf streuen und in den Teig drücken. Die Oberfläche kurz vor dem Backen mit Olivenöl bestreichen. Das Programm »Backen« starten und die Zeituhr auf 60 Minuten stellen. Das fertige Brot sofort aus dem Behälter nehmen und auf einem Kuchengitter auskühlen lassen.

Pancetta, der italienische luftgetrocknete Bauchspeck, kann durch geräucherten Bauchspeck oder anderen durchwachsenen Schinkenspeck, der Parmesan durch anderen geriebenen Hartkäse (z. B. Pecorino) ersetzt werden, aber das verändert natürlich den Geschmack. Ein kräftiges Brot, das nahezu eine eigene Mahlzeit darstellt, beispielsweise, wenn man es mit Avocado und leichtem Camembert belegt.

Pancetta-Parmesan-Brot

75 g Pancetta, in feine
    Streifen geschnitten
200 ml lauwarmes
    Wasser
325 g Weizenmehl
    Type 550
1 EL Pflanzenöl
1 Ei, verquirlt
½ TL Salz
1 TL Trockenhefe
25 g frisch geriebener
    Parmesan
3–4 Salbeiblätter, streifig
    geschnitten (nach
    Geschmack)
verquirltes Ei zum
    Bestreichen

Den Pancetta in eine kleine Pfanne geben (mit 1 TL Öl, wenn er sehr mager ist) und unter Wenden und Rühren ausbraten, bis er leicht gebräunt ist. Beiseite stellen und abkühlen lassen.

Die Zutaten – außer dem Pancetta, dem Parmesan und Salbei – in der hier angegebenen Reihenfolge (oder in der vom Hersteller Ihres Automaten empfohlenen) in den Backbehälter geben. Die Oberfläche des Teigs kurz vor dem Backen mit verquirltem Ei bestreichen. Das Programm »Normal« starten. Wenn kurz vor Beendigung des Knetprozesses das akustische Signal ertönt, Pancetta, Parmesan und Salbei hinzufügen. Nach Beendigung der Backzeit den Behälter aus dem Automaten nehmen, aber das Brot noch 10 Minuten darin ruhen lassen, dann auf einem Kuchengitter völlig auskühlen lassen.

Das Maismehl verleiht dem Brot mehr Biss. Wer sicher sein will, dass er ein wirklich gutes Pesto im Brot hat, bereitet es aus frischem Basilikum, Knoblauch, Pinienkernen und Olivenöl selbst zu und gibt zuletzt frisch geriebenen Parmesan dazu. Ist der Teig zu trocken, geben Sie noch etwas Wasser dazu, ist er zu feucht, noch etwas Mehl. Das Brot passt zu einer italienischen Käseplatte und Tomaten.

Pestobrot mit Maismehl

200 ml lauwarmes
   Wasser
250 g Weizenmehl
   Type 550
2 EL grobes Maismehl
1 EL Olivenöl
2 EL Pesto
1 TL Salz
½ TL frisch gemahlener
   schwarzer Pfeffer
1 TL Trockenhefe
zerlassene Butter oder
   Öl zum Bestreichen
grobes Salz zum
   Bestreuen

Die Zutaten in der hier angegebenen Reihenfolge (oder in der vom Hersteller Ihres Automaten empfohlenen) in den Backbehälter geben. Die Oberfläche des Teigs kurz vor dem Backen mit zerlassener Butter oder mit Öl bestreichen. Nach Geschmack können Sie auch noch grobes Salz darauf streuen. Das Programm »Normal« starten. Das fertige Brot sofort aus dem Behälter nehmen und auf einem Kuchengitter auskühlen lassen.

Zusammen mit einem grünen Salat ist dieses
Brot eine gesunde kleine Mahlzeit, pochierte Eier
oder ein Rührei sind eine nette Ergänzung.

Mediterranes Brot

1 rote Paprikaschote
350 ml lauwarmes
   Wasser
2 EL Olivenöl
2 EL Tomatenmark
450 g Weizenmehl
   Type 550
½ TL Salz
½ TL getrockneter
   Oregano
1 TL Trockenhefe
4 Sardellenfilets,
   grob gehackt

Die Paprikaschote unter den Backofengrill legen, bis die Haut schwarzbraune Flecken bekommt und Blasen wirft. Die Schote für einige Minuten in eine Schüssel legen und bedecken. Wenn sie etwas abgekühlt ist, die Haut abziehen, den Stielansatz und die Kerne entfernen, das Fruchtfleisch klein schneiden und griffbereit beiseite stellen.

Die Zutaten – bis auf Paprika und Sardellen – in der hier angegebenen Reihenfolge (oder in der vom Hersteller Ihres Automaten empfohlenen) in den Backbehälter geben. Das Programm »Normal« starten. Wenn kurz vor Beendigung des Knetprozesses das akustische Signal ertönt, die vorbereitete Paprika und die Sardellen dazugeben. Das fertige Brot sofort aus dem Behälter nehmen und auf einem Kuchengitter auskühlen lassen.

Wenn Sie keine Sardellenfilets mögen, können Sie auch 1 EL Kapern unter den Teig mischen.

Dieses Brot passt zu gedünstetem Gemüse, besonders zu Champignons und Paprika, und zu Rührei. Statt Ricotta kann man Feta nehmen, der dem Brot einen kräftigeren Geschmack verleiht, oder, wenn man's sehr mild mag, einen körnigen Frischkäse. Haben Sie dann aber ein besonderes Auge auf den Teig, denn körniger Frischkäse ist sehr feucht.

Ricottabrot mit Schnittlauch

250 ml lauwarmes
   Wasser
375 g Weizenmehl
   Type 550
25 g Haferkleie
150 g Ricotta
1 TL Salz
½ TL frisch gemahlener
   schwarzer Pfeffer
4 EL Olivenöl
1 TL Trockenhefe
10–12 Stängel
   Schnittlauch, in
   Röllchen geschnitten
Olivenöl zum Bestreichen
grobes Salz oder
   Schnittlauchröllchen
   zum Bestreuen

Die Zutaten in der hier angegebenen Reihenfolge (oder in der vom Hersteller Ihres Automaten empfohlenen) in den Backbehälter geben. Die Oberfläche des Teigs kurz vor dem Backen mit zerlassener Butter oder mit Öl bestreichen. Nach Geschmack können Sie auch noch grobes Salz oder Schnittlauchröllchen darauf streuen. Das Programm »Normal« starten. Das fertige Brot sofort aus dem Behälter nehmen und auf einem Kuchengitter auskühlen lassen.

Ungeröstet – vor allem aber kross geröstet – ist das Brot ein guter Partner zu einem mediterranen Vesperteller mit rohem Schinken, Salami, Oliven und Hartkäse. Man kann den milden Delikatess-, den etwas schärferen Edelsüß- oder den scharfen Rosenpaprika wählen.

Safran-Paprika-Brot

1–2 Tütchen Safranfäden oder -pulver
175 ml lauwarmes Wasser
375 g Weizenmehl Type 550
1 TL Paprikapulver
2 TL grob gemahlener schwarzer Pfeffer
½ TL Salz
2 EL Olivenöl (oder 25 g weiche Butter, in Flöckchen)
1 TL Trockenhefe
Öl zum Bestreichen
grobes Salz zum Bestreuen

Den Safran in einem Schälchen mit 3 EL des Wassers einweichen (das Schälchen entweder 20 Sekunden in der Mikrowelle erwärmen oder warmes Wasser nehmen).

Alle Zutaten (auch den Safran mit dem Wasser) in der hier angegebenen Reihenfolge (oder in der vom Hersteller Ihres Automaten empfohlenen) in den Backbehälter geben. Die Oberfläche des Teigs kurz vor dem Backen mit zerlassener Butter oder mit Öl bestreichen. Nach Geschmack können Sie auch noch grobes Salz oder Schnittlauchröllchen darauf streuen. Das Programm »Normal« starten. Das fertige Brot sofort aus dem Backbehälter nehmen und auf einem Kuchengitter auskühlen lassen.

Bruschetta

Das Brot eignet sich hervorragend für die als leichte Mahlzeit beliebte Bruschetta: Die Brotscheiben toasten, mit einer halbierten Knoblauchzehe abreiben, mit etwas bestem nativen Olivenöl extra beträufeln und mit Tomatenscheiben (oder gehäuteten, grob gehackten Tomaten) belegen. Salzen und pfeffern und sofort verzehren, bevor das Brot durchweicht.

Ein Brot mit leicht feuchter Krume, das gut zu einem Sommersalat passt, vor allem zu einem, der Tomaten, Basilikum und Käsewürfel enthält. Ich empfehle Ihnen unbedingt, zwei kleine, feste Zucchini zu nehmen statt einer großen, denn das Fruchtfleisch der großen kann wässrig und entsprechend geschmacksarm sein.

Zucchinibrot mit Frühlingszwiebeln

200 ml lauwarmes
   Wasser
350 g Weizenmehl
   Type 550
1 Knoblauchzehe,
   fein gehackt
1 TL Salz
½ TL frisch gemahlener
   schwarzer Pfeffer
2 EL Pflanzenöl
1 TL Trockenhefe
200 g grob geraffelte
   Zucchini
1–2 Frühlingszwiebeln,
   in Ringe geschnitten
zerlassene Butter zum
   Bestreichen

Die Zutaten – bis auf die Zucchini und die Frühlingszwiebel – in der hier angegebenen Reihenfolge (oder in der vom Hersteller Ihres Automaten empfohlenen) in den Backbehälter geben. Die Oberfläche des Teigs kurz vor dem Backen mit zerlassener Butter bestreichen. Das Programm »Normal« starten. Wenn kurz vor Beendigung des Knetprozesses das akustische Signal ertönt, Zucchini und Frühlingszwiebeln dazugeben.

Nach Beendigung der Backzeit, den Behälter sofort aus dem Automaten nehmen, doch das Brot noch etwa 10 Minuten darin ruhen lassen, erst dann vorsichtig auf ein Kuchengitter stürzen und auskühlen lassen.

Dieses schmackhafte Brot kann gut als Beilage zu einem Fleisch- oder Gemüsegericht dienen, eignet sich aber auch für Aufschnitt und Käse.

Knoblauch-Thymian-Brot

6 große Knoblauchzehen
50 g Butter
275 ml lauwarmes
   Wasser
375 g Weizenmehl
   Type 550
25 g Haferkleie
½ TL getrockneter
   Thymian
1 EL Balsamessig
1 TL Salz
1 TL Trockenhefe
zerlassene Butter zum
   Bestreichen
grobes Salz zum
   Bestreuen

Die Knoblauchzehen mit der Hälfte der Butter und so viel des Wassers, sodass die Zehen gerade bedeckt sind, in einem kleinen Topf zum Kochen kommen lassen. Bei schwacher Hitze 15 Minuten simmern, bis die Zehen weich sind und duften. Vom Herd nehmen und auf Zimmertemperatur abkühlen lassen.

Den Knoblauch mit dem Wasser sowie die restlichen Zutaten in der hier angegebenen Reihenfolge (oder in der vom Hersteller Ihres Automaten empfohlenen) in den Backbehälter geben. Die Oberfläche des Teigs kurz vor dem Backen mit zerlassener Butter bestreichen und mit grobem Salz bestreuen. Das Programm »Normal« starten. Das fertige Brot sofort aus dem Backbehälter nehmen und auf einem Kuchengitter auskühlen lassen.

Dieses Brot ist eine gute Möglichkeit zur Resteverwertung, es ist aber gut genug, dass es sich lohnt, extra Reis dafür zu kochen – ich würde dann einen Basmati empfehlen. Wenn Sie extra frischen Reis dafür kochen, brauchen Sie 50 g trockenen Reis.

Reisbrot

250 ml lauwarmes Wasser
1 EL Pflanzenöl
250 g Weizenmehl Type 550
100 g Weizenvollkornmehl
½ TL schwarze Senfkörner
½ TL Koriander
1 TL Salz
1 TL Trockenhefe
100 g gekochter Langkornreis (vorzugsweise Basmati)
zerlassene Butter zum Bestreichen

Die Zutaten – bis auf den Reis – in der hier angegebenen Reihenfolge (oder in der vom Hersteller Ihres Automaten empfohlenen) in den Backbehälter geben. Die Oberfläche des Teigs kurz vor dem Backen mit zerlassener Butter bestreichen. Das Programm »Normal« starten. Wenn kurz vor Beendigung des Knetprozesses das akustische Signal ertönt, den Reis hinzufügen. Das fertige Brot sofort aus dem Backbehälter nehmen und auf einem Kuchengitter auskühlen lassen.

Tipp: Gekochten Reis niemals längere Zeit warm halten, denn es kann sich ein Bakterium (Bacillus cereus) darin entwickeln, das unangenehme Lebensmittelvergiftungen auslöst. Wer gekochten Reis später verwenden will, lässt ihn abkühlen und bewahrt ihn im Kühlschrank auf.

Wenn man rote Bete frisch bekommen kann, sollte man sie roh geraffelt verwenden, ansonsten geht auch eine bereits vorgegarte aus der Vakuumverpackung. Ungeeignet sind eingelegte rote Bete aus dem Glas. Das Brot ist eine Köstlichkeit, wenn man es frisch getoastet mit geräuchertem Fisch verzehrt.

Rote-Bete-Brot

250 ml lauwarmes
Wasser
475 g Weizenmehl
Type 550
75 g Zwiebel,
fein gehackt
50 g weiche Butter,
in Flöckchen
1 TL Salz
1¼ TL Trockenhefe
125 g Rote Bete,
grob geraffelt
125 g Kartoffel,
grob geraffelt
zerlassene Butter zum
Bestreichen

Die Zutaten – bis auf die Rote Bete und die Kartoffel – in der hier angegebenen Reihenfolge (oder in der vom Hersteller Ihres Automaten empfohlenen) in den Backbehälter geben. Die Oberfläche des Teigs kurz vor dem Backen mit zerlassener Butter bestreichen. Das Programm »Normal« starten. Wenn kurz vor Beendigung des Knetprozesses das akustische Signal ertönt, Rote Bete und die Kartoffel hinzufügen. Das fertige Brot sofort aus dem Behälter nehmen. Vor dem Anschnitt mindestens 10 Minuten ruhen lassen, aber möglichst frisch genießen.

Tipp: Rote Bete färben sehr intensiv. Daher zum Schälen und Raffeln Küchenhandschuhe tragen. Flecken auf Schneidbrettern und Textilien sofort mit heißem Wasser und Spül- bzw. Waschmittel abwaschen.

Der Name des Brotes soll Sie zu nichts verpflichten – ich
hätte es »Käsebrot mit Kräutern« nennen können –, denn Sie
können den Thymian durch Rosmarin, Salbei oder Oregano,
den Gouda durch anderen Hartkäse, etwa Manchego, Parmesan, Grana Padano, Pecorino oder alten Cheddar ersetzen.

Goudabrot mit Thymian

175 ml lauwarmes
  Wasser
250 g Weizenmehl
  Type 550
½ TL Salz
½ –1 TL getrockneter
  Thymian
frisch gemahlener
  schwarzer Pfeffer
50 g weiche Butter,
  in Flöckchen
1¼ TL Trockenhefe
50 g alter Gouda,
  grob geraffelt
verquirltes Ei zum
  Bestreichen

Die Zutaten – bis auf den geraffelten Käse – in der hier angegebenen Reihenfolge (oder in der vom Hersteller Ihres
Automaten empfohlenen) in den Backbehälter geben. Die
Oberfläche des Teigs kurz vor dem Backen mit verquirltem
Ei bestreichen. Das Programm »Normal« starten. Wenn
kurz vor Beendigung des Knetprozesses das akustische
Signal ertönt, den Käse hinzufügen. Das fertige Brot sofort
aus dem Behälter nehmen und auf einem Kuchengitter
auskühlen lassen.

Wie der Karottenkuchen auf Seite 115 ist auch dieses Brot von der berühmten Schweizer Rüeblitorte inspiriert. In dünne Scheiben geschnitten, eignet es sich gut zum Aufnehmen von Dips und als Beilage zu Salaten. Etwas dicker geschnitten, ist es ein gutes Brot für einen reichhaltigen Belag mit Mayonnaise, Hähnchenfleisch, Krabben, Eiern usw.

Karotten-Koriander-Brot

250 ml lauwarmes
  Wasser
300 g Weizenmehl
  Type 550
1 TL Salz
2 TL Trockenhefe
1 Handvoll frische
  Korianderblätter
  (Cilantro), fein gehackt
125 g frische Karotten,
  grob geraffelt
zerlassene Butter zum
  Bestreichen

Die Zutaten – bis auf die Karotten – in der hier angegebenen Reihenfolge (oder in der vom Hersteller Ihres Automaten empfohlenen) in den Backbehälter geben. Die Oberfläche des Teigs kurz vor dem Backen mit zerlassener Butter bestreichen. Das Programm »Normal« starten. Wenn kurz vor Beendigung des Knetprozesses das akustische Signal ertönt, die Karotten dazugeben. Das fertige Brot sofort aus dem Backbehälter nehmen und auf einem Kuchengitter auskühlen lassen.

Tipp: Karotten und Koriander vertragen sich von Natur aus hervorragend. Wer aber den Geruch und Geschmack des frischen Korianders nicht mag (er hat im Volksmund den Namen Wanzenkraut), kann stattdessen glatte Petersilie nehmen.

Dieses schmackhafte Brot passt sowohl gut zu einem weichen Frühstücksei als auch zu Räucherfisch. Man muss nur zu Beginn der Knetphase den Teig gut im Auge behalten, denn manche Süßkartoffeln sind wässriger als andere, sodass man gegebenenfalls mehr Mehl oder Wasser zugeben muss.

Süßkartoffelbrot

250 ml lauwarmes
   Wasser
225 g Weizenmehl
   Type 550
150 g Weizenvollkorn-
   mehl
1 TL Salz
½ TL frisch gemahlener
   schwarzer Pfeffer
1 TL gekörnte
   Gemüsebrühe
225 g nicht zu weich
   gekochte Süßkartoffel,
   grob gehackt
50 g weiche Butter,
   in Flöckchen
1 TL Trockenhefe
zerlassene Butter zum
   Bestreichen

Die Zutaten in der hier angegebenen Reihenfolge (oder in der vom Hersteller Ihres Automaten empfohlenen) in den Backbehälter geben. Die Oberfläche des Teigs kurz vor dem Backen mit zerlassener Butter bestreichen. Das Programm »Normal« starten. Das fertige Brot sofort aus dem Backbehälter nehmen und auf einem Kuchengitter auskühlen lassen.

Mit Butter und Honig ein köstliches Frühstücksbrot,
aber auch für deftigen Belag geeignet.

Sirupbrot mit Haferkleie

350 ml lauwarmes
    Wasser
300 g Weizenmehl
    Type 550
200 g
    Weizenvollkornmehl
1 TL Salz
1 EL Zuckerrübensirup
1 EL flüssiger Honig
3 EL Haferkleie
1¼ TL Trockenhefe

Die Zutaten in der hier angegebenen Reihenfolge (oder in der vom Hersteller Ihres Automaten empfohlenen) in den Backbehälter geben. Das Programm »Normal« starten. Das fertige Brot sofort aus dem Behälter nehmen und auf einem Kuchengitter auskühlen lassen.

Ein einfaches Brot, das seinen Geschmack dem Hafermehl
und der leichten Säure des Joghurts verdankt.

Hafer-Joghurt-Brot

200 ml lauwarme Milch
100 ml magerer
    Naturjoghurt
300 g Weizenmehl
    Type 550
100 g Weizenvollkorn-
    mehl
75 g Hafermehl
1 EL Zucker
1 TL Salz
1 TL Trockenhefe

Die Zutaten in der hier angegebenen Reihenfolge (oder in der vom Hersteller Ihres Automaten empfohlenen) in den Backbehälter geben. Das Programm »Normal« starten. Das fertige Brot sofort aus dem Behälter nehmen und auf einem Kuchengitter auskühlen lassen.

Wählen Sie für dieses Brot sehr feste Bananen mit noch grüner Schale. Das Brot hat eine feste Krume, wie alle Brote, die mit Vollkornmehl gebacken werden, ist aber dennoch überraschend leicht. Umwerfend als Toast zum Brunch.

Würziges Bananenbrot

300 ml lauwarme Milch
375 g Weizenvollkorn-
    mehl
50 g feine Haferflocken
25 g weiche Butter,
    in Flöckchen
1 EL brauner Zucker
½ kleinen Zwiebel,
    fein gehackt
3 sehr feste Bananen,
    sehr klein gewürfelt
1 TL Trockenhefe
1 TL Salz

Die Zutaten in der hier angegebenen Reihenfolge (oder in der vom Hersteller Ihres Automaten empfohlenen) in den Backbehälter geben. Das Programm »Normal« starten. Das fertige Brot sofort aus dem Behälter nehmen und auf einem Kuchengitter auskühlen lassen.

Wählen Sie nach Möglichkeit ein ungesüßtes Müsli mit verschiedenen Flocken und einem nicht zu hohen Anteil an Trockenfrüchten, oder stellen Sie eine eigene Mischung zusammen. Wenn der Teig zu trocken ist, etwas mehr Wasser, wenn er zu feucht ist, mehr Mehl oder Müsli zugeben.

Müslibrot

225 ml lauwarme Milch
250 g Weizenmehl Type 550
150 g Weizenvollkornmehl
100 g Müslimischung
50 g weiche Butter,
   in Flöckchen
1 Ei, verquirlt
2 EL flüssiger Honig
1 TL Trockenhefe
1 TL Salz

Die Zutaten in der hier angegebenen Reihenfolge (oder in der vom Hersteller Ihres Automaten empfohlenen) in den Backbehälter geben. Das Programm »Normal« starten. Das fertige Brot sofort aus dem Behälter nehmen und auf einem Kuchengitter auskühlen lassen.

Ein Brot mit feuchter Krume, viel Biss und rundem Geschmack.

Mehrkornbrot

350 ml lauwarmes Wasser
125 g Mehrkorn-
   Mehlmischung
100 g Weizenmehl Type 550
75 g Roggenmehl Type 997
150 g Weizenvollkornmehl
2 EL Pflanzenöl
1 TL Salz
1 TL Trockenhefe
½ TL getrocknete
   gemischte Kräuter

Die Zutaten in der hier angegebenen Reihenfolge (oder in der vom Hersteller Ihres Automaten empfohlenen) in den Backbehälter geben. Das Programm »Normal« starten. Das fertige Brot sofort aus dem Behälter nehmen und auf einem Kuchengitter auskühlen lassen.

Dieses schmackhafte Brot passt gut zu Wurst- und Schinkenspezialitäten. Beobachten Sie den Teig in der Frühphase des Knetens, denn je nach der gewählten Grießart kann er zu trocken sein, dann etwas Wasser zugeben, oder zu feucht, dann etwas mehr Mehl zugeben.

Kräuterbrot mit Pecorino

350 ml lauwarmes
  Wasser
300 g Weizenmehl
  Type 550
100 g Weizenvollkorn-
  mehl
50 g Hartweizengrieß
3 EL Olivenöl
½ TL Salz
1 TL Trockenhefe
je ½ TL getrockneter
  Salbei und Oregano
½ TL frisch gemahlener
  schwarzer Pfeffer
100 g Pecorino, grob
  gerieben (plus 1 EL
  zum Bestreuen)
75 g Zwiebel,
  grob gehackt
verquirltes Ei zum
  Bestreichen

Die Zutaten – bis auf Pecorino und Zwiebeln – in der hier angegebenen Reihenfolge (oder in der vom Hersteller Ihres Automaten empfohlenen) in den Backbehälter geben. Die Oberfläche des Teigs kurz vor dem Backen mit verquirltem Ei bestreichen und mit Pecorino bestreuen. Das Programm »Normal« starten. Wenn kurz vor Beendigung des Knetprozesses das akustische Signal ertönt, Pecorino und Zwiebeln hinzufügen. Das fertige Brot sofort aus dem Behälter nehmen und auf einem Kuchengitter auskühlen lassen.

Hummus, der orientalische Dip aus Kichererbsen und Sesampaste (Tahina), verleiht diesem reichhaltigen Brot seinen besonderen Geschmack. Da es eine feste Krume hat, kann man es dünn schneiden und zu Dips reichen.

Hummusbrot

300 ml lauwarmes
   Wasser
4 EL Olivenöl
325 g Weizenmehl
   Type 550
1 TL Salz
2 EL Tahina
   (Sesampaste)
1 TL gemahlener
   Kreuzkümmel
1 TL Trockenhefe
150 g gekochte
   Kichererbsen (aus
   der Dose)
1 EL gehackte glatte
   Petersilie
Olivenöl zum
   Bestreichen

Die Zutaten – bis auf Kichererbsen und Petersilie – in der hier angegebenen Reihenfolge (oder in der vom Hersteller Ihres Automaten empfohlenen) in den Backbehälter geben. Die Oberfläche des Teigs kurz vor dem Backen mit Öl bestreichen. Das Programm »Normal« starten. Wenn kurz vor Beendigung des Knetprozesses das akustische Signal ertönt, Kichererbsen und Petersilie hinzufügen. Das fertige Brot sofort aus dem Behälter nehmen und auf einem Kuchengitter auskühlen lassen.

Hummus ist ein Dip, dem man verschiedene weitere Gewürze beimischen kann, die man auch in das Brot einarbeiten kann. Geben Sie nach Geschmack ½ TL Paprikapulver oder gemahlenen Koriander an den Teig oder fügen Sie ihm zusätzlich 1 TL Tomaten- oder Paprikamark hinzu.

Das Brot erinnert an das Maisbrot der amerikanischen Südstaaten, ist aber trockener und etwas fester und kann deshalb in Scheiben geschnitten werden. Man kann es mit kaltem Fleisch oder Geflügel belegen.

Maisbrot mit Maiskörnern

350 ml lauwarme Milch
175 g feines Maismehl
225 g Weizenmehl Type 550
75 g Maiskörner (aus der Dose oder aufgetaute TK-Ware)
50 g weiche Butter, in Flöckchen
1 Ei, verquirlt
1¼ TL Trockenhefe
1 TL Salz

Die Zutaten in der hier angegebenen Reihenfolge (oder in der vom Hersteller Ihres Automaten empfohlenen) in den Backbehälter geben. Das Programm »Normal« starten. Das fertige Brot sofort aus dem Behälter nehmen und auf einem Kuchengitter auskühlen lassen.

Tipp: Mais verträgt sich gut mit Zwiebeln und Frühlingszwiebeln. Nach Geschmack kann man also 1–2 EL fein gehackte Zwiebeln oder in Röllchen geschnittene Frühlingszwiebel an den Teig geben.

Ein reichhaltiges Brot, das eine großzügige Portion
Himbeer- oder Erdbeerkonfitüre verträgt.

Erdnussbutterbrot

300 ml lauwarme Milch
100 g Weizenvollkornmehl
250 g Weizenmehl Type 550
2 Eier, verquirlt
75 g weiche Butter,
    in Flöckchen
100 g Erdnussbutter
1 TL Trockenhefe
1 TL Salz
zerlassene Butter zum
    Bestreichen
grobes Salz oder gehackte
    Erdnüsse zum Bestreuen
    (nach Geschmack)

Die Zutaten in der hier angegebenen Reihenfolge
(oder in der vom Hersteller Ihres Automaten empfohlenen) in den Backbehälter geben. Die Oberfläche
des Teigs kurz vor dem Backen mit zerlassener
Butter bestreichen und nach Geschmack mit grobem Salz oder gehackten Erdnüssen bestreuen.
Das Programm »Normal« starten. Das fertige Brot
sofort aus dem Backbehälter nehmen und auf einem
Kuchengitter auskühlen lassen.

Glutenfreie Brote

Man vermutet, dass etwa ein Prozent der Bevölkerung an einer Glutenunverträglichkeit leidet. Wenn ein Betroffener Gluten (Klebereiweiß) zu sich nimmt, greift sein Immunsystem den Dünndarm an. Die an der Unverträglichkeit Leidenden müssen deshalb auf die wichtigsten Brotmehle, vor allem auf Weizen, aber auch auf Roggenmehl verzichten. Doch man kann mit glutenfreien Mehlen – zum Beispiel Reis-, Kartoffel-, Mais- und Buchweizenmehl – Brot backen.

Die mit glutenfreien Mehlen hergestellten Teige gehen nicht sehr gut auf, die Krume ist entsprechend dicht. Die für dieses Brot verwendeten Rosinen verleihen dem Brot Lockerheit und Süße. Man kann es toasten und genießt es am besten mit Butter bestrichen.

Glutenfreies Rosinenbrot

300 ml lauwarmes
  Wasser
425 g glutenfreies Mehl
2 EL flüssiger Honig
50 g Zucker
1 TL Salz
50 g Rosinen
¼ TL Nelkenpulver
¼ TL Zimtpulver
1¼ TL Trockenhefe

Die Zutaten in der hier angegebenen Reihenfolge (oder in der vom Hersteller Ihres Automaten empfohlenen) in den Backbehälter geben. Das Programm »glutenfreie Mehle« oder »schnelle Zubereitung« starten. Wenn das Programm beendet ist, mit einem Holzspieß die Garprobe machen. Ein mitten in das Brot gestochener Holzspieß muss sauber herauskommen. Hängt noch Teig daran, die Backzeit verlängern.

Das fertige Brot sofort aus dem Backbehälter nehmen und auf einem Kuchengitter auskühlen lassen.

Ein weiteres Beispiel, das zeigt, wie durch die Zugabe geschnittener Zutaten die Krume glutenfreier Brote etwas gelockert werden kann. Ein Brot, das besonders gut mit Käse harmoniert.

Glutenfreies Zwiebelbrot

300 ml lauwarmes
   Wasser
350 g glutenfreies Mehl
150 g Zwiebeln,
   fein gehackt
2 EL Haferkleie
1 TL Salz
2 EL Olivenöl
1¼ TL Trockenhefe

Die Zutaten in der hier angegebenen Reihenfolge (oder in der vom Hersteller Ihres Automaten empfohlenen) in den Backbehälter geben. Das Programm »glutenfreie Mehle« oder »schnelle Zubereitung« starten. Das fertige Brot sofort aus dem Backbehälter nehmen und auf einem Kuchengitter auskühlen lassen.

Brötchen, Fladen, Pizza und Co.

Jeder Brotbackautomat muss zwangsläufig über die Funktionstaste »Teig/Kneten« verfügen, und man kann allein diese Funktion nutzen, um die Maschine die schwere Knetarbeit erledigen zu lassen. Aus dem hergestellten Teig lassen sich dann nach Belieben Laibe oder Brötchen, Fladenbrote oder anderes formen, das dann im Backofen gebacken wird. Es empfiehlt sich, immer einen vielseitig einsetzbaren Grundteig luftdicht verpackt im Kühlschrank liegen zu haben, damit man jederzeit, wenn man den Backofen aus anderen Gründen in Betrieb nimmt, auch ein dazu passendes Brot backen kann. Die Teige von Seite 86 und Seite 88 eignen sich zur Aufbewahrung.

Sie können aus dem Teig einen großen Laib, zwei mittelgroße Laibe oder acht Brötchen formen oder ihn als Pizzaboden verwenden.

Universalteig

425 ml lauwarmes
   Wasser
675 g Weizenmehl
   Type 550 (oder eine
   Mischung aus 500 g
   Weizenmehl Type 550
   und 175 g Weizen-
   vollkornmehl), plus
   Mehl zur Bearbeitung
1–2 TL Salz
2 TL Trockenhefe
2 EL Pflanzenöl

Die Zutaten – bis auf das Öl – in der hier angegebenen Reihenfolge (oder in der vom Hersteller Ihres Automaten empfohlenen) in den Backbehälter geben. Das Programm »Teig/Kneten« starten, das Öl in eine große Schüssel geben.

Den gekneteten Teig aus dem Behälter nehmen und zu einem Ball formen. Den Ball in die Schüssel mit dem Öl legen und darin wenden, bis er rundum von Öl bedeckt ist. Die Schüssel mit einem Küchentuch oder mit Frischhaltefolie bedecken und den Teig gehen lassen, bis er sein Volumen verdoppelt hat. (Je nach der Temperatur in Ihrer Küche dauert das 1 bis 3 Stunden, im Kühlschrank können Sie ihn über Nacht gehen lassen.)

Um ein Brot zu backen, schlagen Sie mit der Faust in den gegangenen Teig, formen den Teig auf einer mit Mehl bestäubten Arbeitsfläche in der gewünschten Weise, legen ihn auf ein Blech oder geben ihn in eine Kastenform und lassen ihn erneut gehen. In der Zwischenzeit heizen Sie den Backofen auf 200 °C (Umluft 180 °C) vor. Wasserdampf im Backofen fördert die Bildung einer krossen, knusprigen Kruste. Stellen Sie deshalb entweder schon, während er vorheizt, eine Schale mit Eiswürfeln unten in den Backofen, oder sprühen Sie etwas Wasser gegen die heißen Ofenwände, wenn Sie das Brot hineinschieben. Backen Sie das Brot 30 bis 35 Minuten, prüfen Sie, ob es völlig durchgebacken ist, indem Sie mit dem Knöchel des Zeigefingers gegen die Unterseite des Brotes klopfen. Es klingt hohl, wenn das Brot gar ist.

Der Teig enthält viel Hefe und geht folglich schnell.
Soll er langsamer gehen, halbieren Sie die Hefemenge.

Teig für Brot und Pizza

175 ml lauwarmes
  Wasser
275 g Weizenmehl
  Type 550
100 g Weizenvollkorn-
  mehl
1 EL Milch
4 EL Olivenöl
2 TL Trockenhefe

Die Zutaten, aber nur 2 EL des Öls, in der hier ange-
gebenen Reihenfolge (oder in der vom Hersteller Ihres
Automaten empfohlenen) in den Backbehälter geben.
Das Programm »Teig/Kneten« starten, das restliche Öl
in eine große Schüssel geben. Den gekneteten Teig aus
dem Behälter nehmen und zu einem Ball formen. Den
Ball in die Schüssel mit dem Öl legen und darin wenden,
bis er rundum von Öl bedeckt ist. Die Schüssel mit einem
Küchentuch oder mit Frischhaltefolie bedecken und den
Teig gehen lassen, bis er sein Volumen verdoppelt hat.
Dann nach Belieben verwenden (siehe Seite 89, 95) oder
aufbewahren.

Das Rezept ist für ein Brot (für eine Person), man kann aber so viele herstellen, wie man möchte.

Gebratenes Fladenbrot

75 g Teig von Seite 88
¼ TL Kreuzkümmel
Mehl für die Arbeits-
  fläche
1 TL Olivenöl
Salz zum Bestreuen

Eine schwere Pfanne (Gusseisen ist gut geeignet oder eine gerillte Grillpfanne) auf der Herdplatte sehr heiß werden lassen. In der Zwischenzeit den Teig zu einem Kreis von 12–13 Ø ausrollen und den Kreuzkümmel fest auf die Oberfläche drücken. (Bereiten Sie mehr als ein Fladenbrot zu, halten Sie den Teig auf einer bemehlten Arbeitsfläche bereit, während Sie weitere Brote ausrollen und die ersten bereits backen.)

Je nach Größe der Pfanne 1–4 Fladen gleichzeitig in die Pfanne geben (die Seite mit dem Kreuzkümmel nach oben) und braten, bis sie unten gut gebräunt sind (etwa 4 Minuten). Währenddessen die Oberseite mit dem Öl bepinseln und mit Salz bestreuen. Wenden und auf der anderen Seite 1–2 Minuten braten. Die Fladenbrote heiß oder lauwarm servieren.

Dieses berühmte italienische Fladenbrot wird auf dem Blech im Ofen gebacken und erfreut sich großer Beliebtheit. Der Fladen kann unterschiedlich belegt werden.

Focaccia

150 ml lauwarmes
   Wasser
250 g Weizenmehl
   Type 550
50 g Weizenvollkornmehl
3 EL Olivenöl
1 TL Salz
1 TL Trockenhefe
Olivenöl zum Beträufeln
Grobes Salz zum
   Bestreuen

Die Zutaten – vom Öl nur 2 EL – in der hier angegebenen Reihenfolge (oder in der vom Hersteller Ihres Automaten empfohlenen) in den Backbehälter geben. Das Programm »Teig/Kneten« starten, das restliche Öl in eine große Schüssel geben.

Den gekneteten Teig aus dem Behälter nehmen und zu einem Ball formen. Den Ball in die Schüssel mit dem Öl legen und darin wenden, bis er rundum von Öl bedeckt ist. Die Schüssel mit einem Küchentuch bedecken und den Teig gehen lassen, bis er sein Volumen verdoppelt hat. (Je nach der Temperatur in Ihrer Küche dauert das 1–3 Stunden, im Kühlschrank können Sie ihn über Nacht gehen lassen.)

Den Teig direkt auf einem mit Öl gefetteten (oder antihaftbeschichteten) Blech zu einer etwa 2,5 cm hohen Platte ausrollen. Mit den Fingerspitzen Dellen in die Oberfläche drücken und den Teig erneut etwa 30 Minuten gehen lassen.

Den Backofen auf 200 °C (Umluft 180 °C) vorheizen. Die Focaccia mit Olivenöl beträufeln und mit grobem Salz bestreuen und etwa 20–25 Minuten backen.

Als Belag für die Focaccia eignen sich:

Frische Kräuter wie Thymian, Rosmarin
  oder Salbei
Frisch gemahlener schwarzer Pfeffer
Gehackter Knoblauch
Dünne Zwiebelringe (roh oder kurz in Öl sautiert)
Gehackte Sardellenfilets
Gehackte getrocknete Tomaten
Grüne oder schwarze Oliven
Geriebener Parmesan oder Pecorino

In Italien wird die Kartoffel – besonders wenn es kleine, junge Kartoffeln sind – eher als Gemüse denn als Beilage wahrgenommen, weshalb es nicht ungewöhnlich ist, sie als Belag einer Focaccia anzutreffen.

Focaccia mit Kartoffeln und Rosmarin

1 Portion Focacciateig
  (s. S. 90)
100 g neue Kartoffeln
75 ml Olivenöl (plus Öl
  für das Blech)
6–8 Zweige frischer
  Rosmarin, die Nadeln
  fein gehackt (oder
  1 TL getrockneter
  Rosmarin)
grobes Salz
frisch gemahlener
  schwarzer Pfeffer

Den Teig nach dem Rezept auf Seite 90 zubereiten und auf einem leicht geölten Blech 2,5 cm dick ausrollen. Mit den Fingerspitzen Dellen in die Oberfläche drücken und den Teig erneut etwa 30 Minuten gehen lassen.

Während der Teig ein zweites Mal geht, die ungeschälten Kartoffeln in leicht gesalzenem Wasser etwa 10 Minuten kochen, abgießen, etwas abkühlen lassen und in dünne Scheiben schneiden. Den Backofen auf 200 °C (Umluft 180 °C) vorheizen.

Die Focaccia mit dem Öl beträufeln, mit den Kartoffelscheiben belegen, mit Rosmarin und Salz bestreuen und 20–25 Minuten backen. Heiß oder lauwarm verzehren.

Mehrkornbrötchen mit Mohn und Sesam

300 ml lauwarmes
  Wasser
300 g Weizenvollkorn-
  mehl
200 g Weizenmehl
  Type 550 (plus Mehl
  für die Arbeitsfläche)
1 EL Sonnenblumen-
  kerne
1 EL Kürbiskerne
2 TL Salz
1½ TL Trockenhefe
1 EL flüssiger Honig
2 EL Pflanzenöl zum
  Bestreichen
1 EL Sesam
1 EL Mohn

Die Zutaten – außer Öl, Sesam und Mohn – in der hier angegebenen Reihenfolge (oder in der vom Hersteller Ihres Automaten empfohlenen) in den Backbehälter geben. Das Programm »Teig/Kneten« starten. Das Öl in eine große Schüssel geben. Sesam und Mohn in einer flachen Schale mischen.

Den gekneteten Teig aus dem Behälter nehmen und zu einem Ball formen. Den Ball in die Schüssel mit dem Öl legen und darin wenden, bis er rundum von Öl bedeckt ist. Die Schüssel mit einem Küchentuch bedecken und den Teig gehen lassen, bis er sein Volumen verdoppelt hat.

Den Teig auf einer bemehlten Arbeitsfläche durchkneten und in 12 Teile teilen. 12 längliche Brötchen formen, die Brötchen in die Sesam-Mohn-Mischung drücken und auf ein geöltes Backblech setzen. Mit einem Tuch bedeckt erneut etwa 30 Minuten gehen lassen.

Den Backofen auf 200 °C (Umluft 180 °C) vorheizen. Die Brötchen auf der mittleren Einschubleiste etwa 15 Minuten backen. Dann auf einem Kuchengitter auskühlen lassen.

Die Brötchen – genau genommen handelt es sich um kleine Schnecken – schmecken noch warm mit frischer Butter besonders gut. Reichen Sie sie zum Beispiel als kleinen Snack am Nachmittag oder Abend.

Sesam-Käse-Brötchen

150 g Teig von Seite 88
Mehl für die Arbeitsfläche
3–4 EL frisch geriebener Hartkäse (z. B. Parmesan, Pecorino, reifer Cheddar)
frisch gemahlener schwarzer Pfeffer
Öl für das Blech
2 TL grobes Salz zum Bestreuen
1 EL Sesam zum Bestreuen

Den nach dem Rezept auf Seite 88 zubereiteten Teig nach dem Gehen durchkneten und auf der bemehlten Arbeitsfläche zu einem Rechteck von 10 x 15 cm ausrollen. Die Oberfläche mit Käse und Pfeffer bestreuen. Den Teig von der Längsseite her aufrollen und die Rolle in 6–8 Scheiben schneiden. Die Scheiben auf ein geöltes Backblech legen und mit einem Küchentuch bedeckt 30 Minuten gehen lassen.

Den Backofen auf 200 °C (Umluft 180 °C) vorheizen. Die Brötchen/Schnecken mit grobem Salz und Sesam bestreuen und auf der mittleren Einschubleiste etwa 15 Minuten backen.

Statt mit Sesam können Sie das Gebäck auch mit Kreuzkümmel, Kümmel, Fenchel oder Dillsamen bestreuen. Außerdem können Sie zusätzlich zu dem Käse gehackte Petersilie oder Schnittlauch auf den Teig geben, ehe Sie ihn zur Rolle formen.

Marcella Hazan schreibt: »Die Rezepte für Pizzateig sind ohne Zahl«, und sie hat Recht. Es gibt zwei Möglichkeiten, mit dieser Überzahl umzugehen: Entweder man sucht das eine Rezept, das einem gefällt, und bleibt dann dabei, oder man bereitet jedes Mal eine Variante zu. Mir gefällt folgendes Rezept:

Pizzateig

150 ml lauwarmes Wasser
250 g Weizenmehl Type 450
2 EL Olivenöl (plus Öl für die Schüssel und das Blech)
1 TL Salz
1 TL Trockenhefe

Die Zutaten in der hier angegebenen Reihenfolge (oder in der vom Hersteller Ihres Automaten empfohlenen) in den Backbehälter geben. Das Programm »Teig/Kneten« starten. 1 EL Öl in eine große Schüssel geben. Den gekneteten Teig aus dem Behälter nehmen und zu einem Ball formen. Den Ball in die Schüssel mit dem Öl legen und darin wenden, bis er rundum von Öl bedeckt ist. Die Schüssel mit einem Küchentuch bedecken und den Teig gehen lassen, bis er sein Volumen verdoppelt hat.

Noch größer als die Zahl der Pizzateige ist die Zahl der Möglichkeiten, eine Pizza zu belegen. Hier ist eine davon.

Pizza mit Pilzen, Tomaten und Käse

½ Portion Pizzateig wie oben beschrieben
Mehl für die Arbeitsfläche
100 g kleine Champignons, in dicke Scheiben geschnitten
2–3 EL Olivenöl
½ TL getrockneter Rosmarin
100 ml passierte Tomaten (Fertigprodukt)
50 g Pecorino, grob geraffelt
frisch gemahlener schwarzer Pfeffer

Den Teig zu einem Kreis von etwa 35 cm Ø ausrollen und auf ein mit Mehl bestäubtes Backblech legen. Die Pilze in einer Pfanne in knapp 1 EL Öl anbraten, bis alle austretende Flüssigkeit verdampft ist. Den Rosmarin darüber geben, beiseite stellen.

Den Backofen auf 230 °C vorheizen. Die passierten Tomaten auf dem Teigboden verteilen, darauf die Champignons und den Käse geben. Das restliche Öl als Faden darüber laufen lassen und etwas schwarzen Pfeffer direkt aus der Mühle darüber geben. Etwa 20 Minuten backen und sofort servieren.

Dieser Teig ist vielseitig verwendbar (siehe die Variationen unten auf der Seite). Die Menge reicht für 50–60 Käsehäppchen.

Käsehäppchen

125 ml lauwarme Milch
375 g Weizenmehl Type 450 (plus Mehl für die Arbeitsfläche)
2 Eier, verquirlt
100 g weiche Butter, in Flöckchen
1 TL Salz
1 TL Trockenhefe
100 g zerlassene Butter zum Bestreichen
100 g sehr reifer Hartkäse (Emmentaler, Pecorino, Bergkäse)
verquirltes Ei zum Bestreichen

Milch, Mehl, Eier, Butter, Salz und Trockenhefe in den Backbehälter geben und das Programm »Teig/Kneten« starten. Den Teig aus dem Behälter nehmen und den Knethaken entfernen, den Teig im Behälter 1 Stunde gehen lassen, bis er sein Volumen verdoppelt hat.

Den ziemlich weichen Teig auf bemehlter Arbeitsfläche etwas flach drücken und in 6 gleichgroße Stücke teilen. Jedes Stück nacheinander zu einem 20 x 25 cm großen, 3 mm dicken Rechteck ausrollen, mit Butter bestreichen und mit Käse bestreuen, dann von der Schmalseite her aufrollen, die Rolle wieder zu einem 3 mm dicken Rechteck ausrollen, dieses in 7,5 cm große Quadrate schneiden. Die Quadrate auf ein gefettetes Backblech legen, mit einem Küchenhandtuch bedeckt 30 Minuten gehen lassen (oder einfrieren und aufbewahren).

Den Backofen auf 220 °C vorheizen. Die Teigquadrate mit Ei bestreichen und etwa 10–12 Minuten backen.

Variationen

Den Teig zu Ovalen ausrollen, mit Sesam bestreuen und in 12–15 Minuten zu herzhaften Keksen backen.

Einen tennisballgroßen Teigballen mit den Händen zu einer 1,5 cm dicken Rolle formen und in beliebig lange Stücke schneiden, mit grobem Salz bestreuen, 12–15 Minuten backen und wie Grissini reichen.

Kleine Kreise ausrollen, mit klein geschnittenem Mozzarella, Kräutern und gehacktem Knoblauch belegen, 12–15 Minuten backen und als Mini-Pizza servieren.

Diese Fladenbrote passen gut zu einem Salat
oder zu einer Käseplatte.

Weizenfladen mit Kreuzkümmel

300 ml lauwarmes
  Wasser
60 ml Pflanzenöl (plus
  Öl für das Blech)
150 g Weizenvollkorn-
  mehl
350 g Weizenmehl
  Type 550
1 TL Kreuzkümmel
1 TL Salz
½ TL Trockenhefe

Die Zutaten in der hier angegebenen Reihenfolge (oder in
der vom Hersteller Ihres Automaten empfohlenen) in den
Backbehälter geben. Das Programm »Teig/Kneten« starten. Den gekneteten Teig aus dem Behälter nehmen und
auf eine bemehlte Arbeitsfläche geben. Den Backofen auf
180 °C (Umluft 160 °C) vorheizen.

Den Teig in 12 gleichgroße Stücke teilen, jedes zu einem
Kreis von etwa Ø 20 cm ausrollen, auf ein leicht geöltes
Blech legen und mehrfach mit einer Gabel einstechen,
damit die Fladen nicht zu hoch aufgehen. Backen, bis sie
knusprig sind (etwa 15 Minuten), auf einem Kuchengitter
auskühlen lassen.

Statt der großen kann man auch kleine (Ø 10 cm) Kreise
dünn ausrollen. Man kann sie mit der Gabel einstechen;
sticht man sie nicht ein, gehen sie zu kleinen hohlen, sehr
knusprigen Fladen auf. In einer luftdicht schließenden
Dose halten sich die kleinen Fladen einige Tage.

Die Menge ergibt etwa 50 Kräcker. Statt Dillsamen und
Kümmel kann man auch Kreuzkümmel und Fenchel nehmen.

Herzhafte Kräcker

125 ml lauwarmes Wasser
300 g Weizenmehl
   Type 550
¾ EL Backpulver
½ TL Mohn
½ TL Dillsamen
½ TL Kümmel
1 TL Salz
2 EL Olivenöl (plus Öl
   für das Blech)

Die Zutaten in der hier angegebenen Reihenfolge (oder in der vom Hersteller Ihres Automaten empfohlenen) in den Backbehälter geben. Das Programm »Teig/Kneten« starten. Den gekneteten Teig aus dem Behälter nehmen und auf eine bemehlte Arbeitsfläche geben.

Den Backofen auf 220 °C (Umluft 200 °C) vorheizen. Jeweils ein etwa 30 g schweres Stück Teig abnehmen und auf bemehlter Arbeitsfläche zu einem etwa 5 cm großen Kreis ausrollen. Die Kreise auf ein gefettetes (oder mit Backpapier belegtes) Blech legen und auf der obersten Einschubleiste etwa 5 Minuten backen, bis die Kräcker zart gebräunt sind (nicht zu stark durchgaren, sie werden sonst zu brüchig). Vorsichtig vom Blech nehmen und sofort verzehren.

Die Teigmenge ergibt acht große oder 16 kleine Rosinenbrötchen, die man – nach Geschmack – mit einem Guss aus Puderzucker und Milch oder Wasser überziehen kann.

Rosinenbrötchen

Für den Teig:
325 ml lauwarme Milch
400 g Weizenmehl
    Type 550
100 g Weizenvollkorn-
    mehl
40 g weißer Zucker
50 g brauner Zucker
50 g weiche Butter,
    in Flöckchen
1 TL Salz
1½ TL Trockenhefe
Öl für das Blech

Für die Füllung:
150 g Rosinen
75 g Paranüsse,
    grob gehackt
1 TL gemahlener
    Kardamom
1 TL Zimtpulver
abgeriebene Schale von
    1 unbehandelten
    Zitrone
15 g weißer Zucker
10 g brauner Zucker
verquirltes Ei zum
    Bestreichen
Puderzucker für den
    Guss

Die Zutaten für den Teig in der hier angegebenen Reihenfolge (oder in der vom Hersteller Ihres Automaten empfohlenen) in den Backbehälter geben. Das Programm »Teig/Kneten« starten. Während der Teig geknetet wird alle Zutaten für die Füllung in eine Schüssel geben und gut vermischen.

Den gekneteten Teig aus dem Behälter nehmen, in die Schüssel geben und mit den darin befindlichen Zutaten gründlich verkneten. Den Teig in acht oder 16 Portionen teilen, zwischen den Händen zu leicht abgeflachten Kugeln formen und auf ein mit Backpapier belegtes Blech setzen. Mit einem Küchentuch bedecken und gehen lassen, bis die Brötchen ihr Volumen verdoppelt haben.

Den Backofen auf 200 °C (Umluft 180 °C) vorheizen. Die Brötchen auf der mittleren Einschubleiste etwa 15 Minuten backen, bis sie gut aufgegangen und gebräunt sind. Nach Geschmack mit Guss überziehen.

Kuchen und Kuchenbrote

Meine Erfahrung mit dem Brotbackautomaten hat mich gelehrt, dass er vielleicht
viel besser Kuchenbackautomat genannt
werden sollte. Die Kuchen, die aus der
Maschine kommen, sind fantastisch,
und sie machen kaum mehr Arbeit als
ein Brot. Natürlich kommen nur Kasten-
kuchen aus der Maschine, keine runden
Kuchen; aber ob man Scheiben schneidet
oder Keile, macht für den Geschmack
keinen Unterschied, und ich verspreche
Ihnen, auch Kuchen, die Sie früher nur
in runder Form kannten, werden Ihnen
in der neuen Form ebenso gut munden.

Ein Brot, das schon Kuchenqualität hat und – mit etwas Butter bestrichen – gut zur Tasse Tee oder Kaffee am Nachmittag passt. Gibt man die größere Menge Hefe an den Teig, wird die Krume besonders locker und kuchenähnlicher. Nimmt man nur die kleinere Menge, ergibt sich eine brotähnlichere, kompaktere Krume. Die Korinthen kann man durch Rosinen oder Sultaninen ersetzen und den Anteil an Malzextrakt um weitere 2 EL erhöhen. Und man kann das ganze Brot nach der Fertigstellung mit Honig glasieren.

Malz-Korinthen-Brot

300 ml lauwarmes
  Wasser
200 g Weizenmehl
  Type 550
200 g Weizenvollkorn-
  mehl
75 g brauner Zucker
75 g weiche Butter,
  in Flöckchen
3 EL Malzextrakt
  oder Backmalz
  (Reformhaus,
  Internethandel)
1 TL Salz
1–1½ TL Trockenhefe
125 g Korinthen

Die Zutaten – bis auf die Korinthen, von denen man zunächst nur 50 g zugibt – in der hier angegebenen Reihenfolge (oder in der vom Hersteller Ihres Automaten empfohlenen) in den Backbehälter geben. Das Programm »Normal« starten. Wenn kurz vor Beendigung des Knetprozesses das akustische Signal ertönt, die restlichen Korinthen dazugeben.

Das fertige Brot sofort aus dem Backbehälter nehmen und auf einem Kuchengitter mindestens 10 Minuten auskühlen lassen, ehe Sie es anschneiden – vorausgesetzt, Sie können der Versuchung widerstehen.

Ein reichhaltiges Brot, das sich sehr gut toasten lässt. Statt der Maronen können Sie auch Walnüsse nehmen. Es ergibt sich eine etwas andere Textur, denn die Kastanien enthalten im Gegensatz zu den Nüssen Stärke, aber der Geschmack ist hervorragend. Die Kombination von Blauschimmelkäse und Honig ist ein passender Belag für dieses ungewöhnliche Brot.

Süß-würziges Kastanienbrot

1 EL Pflanzenöl
1 kleine Zwiebel, grob gehackt
¼ TL getrocknete Kräuter der Provence
Salz und frisch gemahlener schwarzer Pfeffer

Für den Teig:
200 ml lauwarme Milch
100 ml lauwarmes Wasser
100 g Weizenmehl Type 450
250 g Weizenmehl Type 550
100 g Harzweißengrieß
200 g gegarte Kastanien (aus der Dose oder der Vakuumpackung), grob gehackt
50 g brauner Zucker
50 g weiche Butter, in Flöckchen
1 TL Salz
1 TL Trockenhefe

Das Öl in einer kleinen Pfanne erhitzen und die Zwiebel zusammen mit den Kräutern sowie Salz und Pfeffer unter gelegentlichem Rühren knapp 10 Minuten darin sautieren. Dann abkühlen lassen.

Alle Zutaten für den Teig in der hier angegebenen Reihenfolge (oder in der vom Hersteller Ihres Automaten empfohlenen) in den Backbehälter geben. Zuletzt auch die abgekühlten Zwiebeln hinzufügen. Das Programm »Normal« starten. Das fertige Brot sofort aus dem Backbehälter nehmen und auf einem Kuchengitter auskühlen lassen.

Dieser sehr weiche und feuchte Kuchen eignet sich besonders gut als Dessert nach einem nicht zu üppigen Essen. Man kann Crème fraîche oder geschlagene Sahne dazu reichen – aber ich persönlich halte das nicht für nötig. Versuchen Sie nicht, dünne Scheiben zu schneiden, die Teigstruktur lässt es nicht zu.

Saftiger Bananenkuchen

250 g Weizenmehl
  Type 450
2 TL Backpulver
1 Ei, verquirlt
100 g Butter, zerlassen
200 ml Milch
100 g brauner Zucker
1 TL Zimt (nach
  Geschmack)
2 reife Bananen, mit der
  Gabel etwas zerdrückt

Die Zutaten in einer Schüssel verrühren. Den Knethaken aus dem Backbehälter nehmen und den Teig hineinfüllen. Die Programm »Backen« starten und die Zeituhr auf 60 Minuten stellen. Nach Beendigung der Backzeit den Backbehälter aus dem Gerät nehmen, aber den Kuchen darin erst 10 Minuten ruhen lassen, ehe man ihn vorsichtig aus dem Behälter auf ein Kuchengitter stürzt. Vor dem Anschnitt mindestens weitere 5 Minuten ruhen lassen.

Für dieses Brot braucht man reife, ja schon überreife Bananen, deren Schale stellenweise schon braun ist. Wer mit einem Lächeln in den Tag starten will, genießt das Brot zum Frühstück zu einer Tasse Kaffee und einem Glas Saft.

Süßes Bananenbrot

300 ml lauwarme Milch
400 g Weizenmehl
  Type 550
100 g weiche Butter,
  in Flöckchen
75 g brauner Zucker
2 Eier, verquirlt
3 sehr reife Bananen,
  mit der Gabel etwas
  zerdrückt
1 TL Salz
1 TL Trockenhefe

Die Zutaten in der hier angegebenen Reihenfolge (oder in der vom Hersteller Ihres Automaten empfohlenen) in den Backbehälter geben. Das Programm »Normal« starten. Das fertige Brot sofort aus dem Backbehälter nehmen und auf einem Kuchengitter auskühlen lassen.

Schon der Anblick dieses Kuchens ist ein Genuss, sein Geschmack unvergleichlich. Er ist nicht zu süß – Sie können die Zuckermenge aber um 50 g erhöhen –, und man sollte unbedingt eine gute Schokolade mit hohem Kakaoanteil (mindestens 60 %, besser 70 % oder mehr) dafür nehmen.

Schoko-Orangen-Kuchen

75 g dunkle Schokolade
  (mindestens
  60 % Kakaoanteil)
125 g weiche Butter,
  in Flöckchen
50 g weißer Zucker
25 g brauner Zucker
100 g bittere
  Orangenmarmelade
3 Eier
100 g Weizenmehl
  Type 450
1½ TL Backpulver

Die Schokolade über dem Wasserbad schmelzen lassen. Butter und beide Zuckersorten zusammen in einer Schüssel mit dem Mixer schaumig rühren. Die Orangenmarmelade und die Eier einrühren. Das Mehl mit dem Backpulver vermischen, über den Teig sieben und einrühren.

Den Knethaken aus dem Backbehälter nehmen, den Teig vorsichtig einfüllen. Jetzt erst die geschmolzene Schokolade in den Teig laufen lassen und mit einer Gabel leicht unterheben. Die Oberfläche glatt streichen. Das Programm »Backen« starten und die Zeituhr auf 60 Minuten stellen. Nach Beendigung der Backzeit den Backbehälter aus dem Gerät nehmen, aber den Kuchen darin erst 10 Minuten ruhen lassen, ehe man ihn vorsichtig auf ein Kuchengitter stürzt. Den Kuchen vor dem Anschnitt mindestens weitere 5 Minuten ruhen lassen.

Wenn man den Kuchen als Dessert serviert, kann man eine Kugel Vanilleeis dazugeben.

Dieser zarte, feuchte Karottenkuchen erhält durch den Koriander eine ganz unerwartete Geschmacksnuance. Selbst Menschen, die sich aus Kuchen normalerweise nichts machen, mögen ihn. Er gehört so ziemlich zum Besten, was ich je im Brotbackautomaten zubereitet habe.

Karottenkuchen

300 g Weizenmehl
  Type 450
2½ TL Backpulver
125 g Zucker
225 g Karotten, grob
  geraffelt
1 TL Zimt
1 Handvoll frische
  Korianderblätter
  (Cilantro), fein gehackt
3 Eier, leicht verquirlt
250 ml Milch
125 g zerlassene Butter

Mehl und Backpulver in eine Schüssel sieben und mit Zucker, Karotten, Zimt und Koriander vermischen. Eier, Milch und Butter zusammen in einem Mixbecher gut verquirlen. Zu der Mehlmischung geben und rasch, aber gründlich verrühren.

Den Knethaken aus dem Backbehälter nehmen, den Teig hineinfüllen und die Oberfläche glatt streichen. Die Programm »Backen« starten und die Zeituhr auf 60–65 Minuten einstellen. Nach Beendigung der Backzeit mit einem Holzspieß die Garprobe machen. Ein mitten in den Kuchen gestochener Holzspieß muss sauber herauskommen. Hängt noch Teig daran, die Backzeit verlängern.

Den Backbehälter aus dem Gerät nehmen, aber den Kuchen darin erst 10 Minuten ruhen lassen, ehe man ihn vorsichtig auf ein Kuchengitter stürzt. Den Kuchen vor dem Anschnitt mindestens weitere 5 Minuten ruhen lassen.

Nach Geschmack können Sie dem Kuchen eine cremige Haube verpassen. Verrühren Sie 100 g Mascarpone mit 75–100 g Puderzucker, verteilen sie die Masse auf dem Kuchen und streuen Sie außerdem ein paar grob gehackte Walnüsse darüber.

Statt der Zitrone können Sie
Saft und Schale einer grünen
Limette verwenden.

Zitronen-Haselnuss-Kuchen

abgeriebene Schale und
Saft von 1 unbehandelten
   Zitrone
2 Eier verquirlt
100 g Butter, zerlassen
250 g Weizenmehl
   Type 450
2 TL Backpulver
100 g Zucker
175 g entrahmte Milch
100 g blättrig
   geschnittene Haselnüsse

Schale und Saft der Zitrone, Eier, Butter, Mehl, Backpulver, Zucker, Milch und die Hälfte der Haselnüsse in
einer Rührschüssel mischen. Den Knethaken aus dem
Backbehälter nehmen, den Teig hineinfüllen, die Oberfläche glatt streichen und die restlichen Haselnüsse
darauf streuen. Die Programm »Backen« starten und die
Zeituhr auf 60 Minuten einstellen. Nach Beendigung der
Backzeit den Behälter aus dem Gerät nehmen, aber den
Kuchen darin erst 10 Minuten ruhen lassen, ehe man
ihn vorsichtig auf ein Kuchengitter stürzt. Den Kuchen
vor dem Anschnitt mindestens weitere 5 Minuten ruhen
lassen.

Getränkter Zitronenkuchen

abgeriebene Schale und
  Saft von 1 großen
  unbehandelten Zitrone
150 g weiche Butter
150 g Zucker
2 Eier
150 g Weizenmehl
  Type 450
1 TL Backpulver
4 EL Milch
75 g Puderzucker,
  gesiebt

Die Zitronenschale mit Butter und Zucker mit einem Holz-löffel oder dem Mixer schaumig rühren. Danach die Eier, Mehl, Backpulver und Milch einarbeiten, bis ein dicker, glatter Teig entstanden ist.

Den Knethaken aus dem Backbehälter nehmen, den Teig hineinfüllen und die Oberfläche glatt streichen. Das Programm »Backen« starten und die Zeituhr auf 40–50 Minuten stellen, dann mit einem Holzspieß die Garprobe machen. Ein mitten in den Kuchen gestochener Holzspieß muss sauber herauskommen. Hängt noch Teig daran, die Backzeit verlängern.

Nach Beendigung der Backzeit den Behälter aus dem Gerät nehmen, aber den Kuchen darin erst 10 Minuten ruhen lassen, ehe man ihn vorsichtig auf ein Kuchengitter stürzt.

Mit einem Holzspieß viele Löcher in den Kuchen stechen. 1 EL Zitronensaft mit 1 TL heißem Wasser und 25 g Puderzucker zu einem dünnen Sirup verrühren und so über den Kuchen gießen, dass er durch die Löcher eindringt. Den Kuchen völlig auskühlen lassen. Den restlichen Zitronensaft mit dem restlichen Puderzucker zu einem dicklichen Guss verrühren und mit einem Teelöffel als Faden in wildem Zickzackmuster über den Kuchen träufeln.

Ein saftiger, aber nicht zu süßer Kuchen. Wer ihn gern süßer mag, kann die Zuckermenge um 25–50 g erhöhen. Wichtiger Tipp: Geben Sie die Beeren tiefgefroren zum Teig, nicht erst auftauen lassen. Wenn Sie frische Beeren verwenden möchten, lassen Sie sie erst anfrieren. Natürlich können Sie statt einer Mischung nur eine Sorte Beeren oder auch entsteinte Kirschen verwenden. Wenn Sie sicher sein wollen, dass die Beeren nicht alle nach unten sinken, mischen Sie nur die Hälfte in den Teig, den Rest verteilen Sie auf der Oberfläche, nachdem Sie den Teig in den Backbehälter gefüllt haben.

Beerenkuchen

275 g Weizenmehl
    Type 450
2 TL Backpulver
100 g Zucker
250 ml Milch
1 Ei
100 g Butter, zerlassen
150 gemischte TK-
    Beeren (ungezuckert)

Mehl und Backpulver in eine Schüssel sieben und mit dem Zucker mischen. Wasser, Ei und Butter in einem Mixbecher verquirlen und unter die Mehlmischung rühren. Die Beeren vorsichtig unterheben.

Den Knethaken aus dem Backbehälter nehmen, den Teig hineinfüllen und die Oberfläche glatt streichen. Das Programm »Backen« starten und die Zeituhr auf 60 Minuten stellen, dann mit einem Holzspieß die Garprobe machen. Ein mitten in den Kuchen gestochener Holzspieß muss sauber herauskommen. Hängt noch Teig daran, die Backzeit verlängern.

Nach Beendigung der Backzeit den Behälter aus dem Gerät nehmen, aber den Kuchen darin erst 10 Minuten ruhen lassen, ehe man ihn vorsichtig auf ein Kuchengitter stürzt. Vor dem Anschnitt mindestens weitere 5 Minuten ruhen lassen.

Wer mag, reicht geschlagene Sahne oder Crème fraîche zu dem Kuchen.

Echte Leckermäulchen servieren eine Portion Vanilleeis
zum Kuchen.

Schokochips-Kuchen

250 g Weizenmehl Type 450
2 TL Backpulver
100 g Zucker
abgeriebene Schale von
    ½ unbehandelten Orange
1 Ei
100 g Butter, zerlassen
200 ml entrahmte Milch
100 g dunkle Schokolade,
    grob gehackt oder
    Schokochips

Mehl und Backpulver in eine Schüssel sieben, mit dem Zucker und der Orangenschale mischen. Ei, Butter und Milch in einem Mixbecher verquirlen und unter die Mehlmischung rühren. Die Hälfte der Schokochips unterrühren. Den Knethaken aus dem Backbehälter nehmen, den Teig hineinfüllen und die restlichen Schokochips darauf verteilen. Das Programm »Backen« starten und die Zeituhr auf 60 Minuten stellen. Den Behälter aus dem Gerät nehmen, aber den Kuchen darin erst 10 Minuten ruhen lassen, ehe man ihn vorsichtig auf ein Kuchengitter stürzt. Vor dem Anschnitt mindestens weitere 5 Minuten ruhen lassen.

Ein Rezept, das ich einer Inspiration meiner Tochter Rebecca verdanke. Einer von mir in Auftrag gegebenen Studie zufolge kann man dauerhaft abnehmen, wenn man täglich ein großes Stück dieses Kuchens verzehrt – vorausgesetzt, man ernährt sich ansonsten nur von Wasser und Gurken.

Drei-Schokoladen-Kuchen

250 g Weizenmehl Type 450
2 TL Backpulver
125 g Zucker
1 Ei
125 g Butter, zerlassen
200 ml entrahmte Milch
je 50 g dunkle, weiße und
    Vollmichschokolade, grob
    gehackt und vermischt

Mehl und Backpulver in eine Schüssel sieben und mit dem Zucker mischen. Ei, Butter und Milch in einem Mixbecher verquirlen und unter die Mehlmischung rühren. Die Hälfte der Schokoladenmischung unterrühren. Den Knethaken aus dem Backbehälter nehmen, den Teig hineinfüllen, glatt streichen und die restliche Schokolade darauf streuen und etwas in den Teig hineindrücken. Das Programm »Backen« starten und die Zeituhr auf 50 Minuten stellen. Den Behälter nach dem Backen aus dem Gerät nehmen, aber den Kuchen darin erst 10 Minuten ruhen, dann vorsichtig auf ein Kuchengitter gleiten lassen. Vor dem Anschnitt mindestens weitere 5 Minuten ruhen lassen.

Als ich ein Kind war, sprang unser Rauhaardackel auf den Esstisch im Wohnzimmer, während wir in der Küche das Geschirr spülten. Sein Ziel: Der Rest eines Kokoskuchens, den er bis auf den letzten Krümel verputzte. Ich konnte es ihm nicht verdenken; der Kuchen ist wirklich eine rundum zufriedenstellende Köstlichkeit – der hungrige Jäger jedenfalls verbrachte damals die nächsten 24 Stunden in seligem Schlummer.

Kokoskuchen

300 g Weizenmehl
　　Type 450
2 TL Backpulver
100 g Zucker
2 EL Kokosraspel
Saft von 1 Orange
1 Ei
100 g weiche Butter
250 ml Kokosmilch

Mehl und Backpulver in eine Schüssel sieben und mit Zucker und Kokosraspel mischen. Orangensaft, Ei, Butter und Kokosmilch in einem Mixbecher verquirlen und unter die Mehlmischung rühren.

Den Knethaken aus dem Backbehälter nehmen, den Teig hineinfüllen und glatt streichen. Das Programm »Backen« starten und die Zeituhr auf 50–60 Minuten stellen. Nach 50 Minuten die Garprobe mit einem Holzspieß machen. Ein mitten in den Kuchen gestochener Holzspieß muss sauber herauskommen. Hängt noch Teig daran, die Backzeit verlängern.

Den Behälter nach dem Backen aus dem Gerät nehmen, aber den Kuchen darin erst 10 Minuten ruhen, dann vorsichtig auf ein Kuchengitter gleiten lassen. Vor dem Anschnitt mindestens weitere 5 Minuten ruhen lassen.

Ungewöhnlich, aber ausgesprochen köstlich. Ich empfehle
als Zitronenlikör Rose's Lime Cordial, Sie können aber auch
einen Limoncello nehmen. Wenn Sie keinen Alkohol im Kuchen
wünschen, erhöhen Sie den Anteil der Milch um 80 ml und
geben Zitronensaft und abgeriebene Zitronenschale an den Teig.

Ananaskuchen mit Zitronenlikör

100 g weiche Butter
100 g Zucker
1 Ei
250 g Weizenmehl
   Type 450
3 TL Backpulver
125 ml entrahmte Milch
100 ml Zitronenlikör
75 g kandierte Ananas,
   grob gehackt

Butter und Zucker in einer Schüssel mit dem Mixer schaumig rühren, dann das Ei einarbeiten. Das Mehl mit dem Backpulver vermischen, über den Teig sieben und zusammen mit Milch, Zitronenlikör und Ananas untermischen.

Den Knethaken aus dem Backbehälter nehmen, den Teig hineinfüllen und glatt streichen. Das Programm »Backen« starten und die Zeituhr auf 50 Minuten stellen, dann mit einem Holzspieß die Garprobe machen. Ein mitten in den Kuchen gestochener Holzspieß muss sauber herauskommen. Hängt noch Teig daran, die Backzeit um 5–10 Minuten verlängern.

Den Behälter nach dem Backen aus dem Gerät nehmen, aber den Kuchen darin erst 10 Minuten ruhen lassen, ehe man ihn vorsichtig auf ein Kuchengitter stürzt. Vor dem Anschnitt mindestens weitere 5 Minuten ruhen lassen.

Sie können dieses Rezept abwandeln, indem Sie
2 EL Orangeat zum Teig geben.

Gewürztes Honigbrot

225 g flüssiger Honig
  (ca. 100 ml)
125 ml Wasser
125 g Weizenmehl
  Type 450
175 g Roggenmehl
  Type 997
abgeriebene Schale
  und Saft von 1 unbe-
  handelten Zitrone
2 TL Anissamen,
  grob zerstoßen
1 TL Koriander,
  grob zerstoßen
½ TL gemahlene
  Gewürznelke
1 TL gemahlene Muskat-
  nuss (oder Macis)
abgeriebene Schale
  und Saft von 1 unbe-
  handelten Zitrone
2 TL Backpulver
2 Eier, verquirlt
25 g Butter, zerlassen

Honig und Wasser in einem Topf erhitzen. Rühren bis sie völlig vermischt sind. Die Mehle in eine große Schüssel sieben, Zitronenschale (eventuell auch 2 EL Orangeat) und die Gewürze untermischen. Honigmischung und Zitronensaft in die Mehle rühren. Den Teig bedeckt 2 Stunden ruhen lassen, damit die Gewürze sich entfalten können.

Das Backpulver und die Eier unter den Teig rühren. Den Knethaken aus dem Backbehälter nehmen, den Teig hineinfüllen und glatt streichen. Das Programm »Backen« starten und die Zeituhr auf 65–70 Minuten stellen, dann mit einem Holzspieß die Garprobe machen. Ein mitten in den Kuchen gestochener Holzspieß muss sauber herauskommen. Hängt noch Teig daran, die Backzeit verlängern.

Den Behälter nach dem Backen aus dem Gerät nehmen, aber den Kuchen darin erst 10 Minuten ruhen lassen, ehe man ihn vorsichtig auf ein Kuchengitter stürzt und rundum mit der zerlassenen Butter bestreicht. Vor dem Anschnitt völlig auskühlen lassen.

Verwenden Sie für diesen Kuchen vorzugsweise reife Birnen
der Sorte Conference oder Alexander Lucas.

Birnenkuchen

150 g weiche Butter
100 g Zucker
2 Eier, verquirlt
225 g Weizenmehl
    Type 450
1½ TL Backpulver
½ TL gemahlener Zimt
1 Pckg. Vanillezucker
2 EL Milch
2 reife Birnen, geschält,
    entkernt, geviertelt
Puderzucker zum
    Bestäuben

Alle Zutaten – bis auf die Birnen – in eine Rührschüssel geben und mit dem Mixer zu einem Teig verrühren.

Den Knethaken aus dem Backbehälter nehmen, den Teig hineinfüllen, glatt streichen und die Birnenviertel darauf legen. Das Programm »Backen« starten und die Zeituhr auf 60 Minuten stellen. Den Behälter nach dem Backen aus dem Gerät nehmen, den Kuchen aber 10 Minuten darin ruhen, dann vorsichtig auf ein Kuchengitter gleiten lassen. Den ausgekühlten Kuchen mit Puderzucker überstäuben.

Immer wieder köstlich und wie immer, wenn Äpfel im Spiel
sind, kann man dem Teig etwas Zimt und Muskat oder auch
etwas Ingwerpulver untermischen.

Apfelkuchen

275 g Weizenmehl
    Type 450
2 TL Backpulver
100 g Zucker
1 Ei
200 ml Milch
100 g Butter, zerlassen
125 g mürbe Äpfel,
    geschält, entkernt,
    in großen Stücken

Mehl und Backpulver zusammen in eine Schüssel sieben und mit dem Zucker mischen. Ei, Milch und Butter verquirlen und mit dem Mehl verrühren.

Den Knethaken aus dem Backbehälter nehmen, den Teig hineinfüllen, glatt streichen, die Äpfel darauf legen und leicht in den Teig drücken. Die Programm »Backen« starten und die Zeituhr auf 60 Minuten einstellen. Den Behälter nach dem Backen aus dem Gerät nehmen, den Kuchen aber 10 Minuten darin ruhen lassen, dann vorsichtig auf ein Kuchengitter gleiten und völlig auskühlen lassen. Vanilleeis passt ebenso wie geschlagene Sahne dazu.

Hierbei handelt es sich wirklich um ein Mittelding zwischen Brot und Kuchen, denn die Krume ist fest, wie die eines Brotes, aber die Süße entspricht der eines Kuchens. Das geschmacklich intensive Gebäck braucht zur Begleitung nur ein Glas Milch oder eine Tasse Kaffee.

Ahornsirup-Ingwer-Kuchenbrot

75 g Zucker
100 ml Ahornsirup
125 g Butter
225 g Weizenmehl
 Type 450
2 TL Backpulver
2 TL Ingwerpulver
1 TL frisch geriebene
 Ingwerwurzel
1 TL Zimt
2 Eier
250 ml Milch

Den Zucker mit 50 ml Wasser in einen Topf geben und karamellisieren lassen. Wenn er die gewünschte Farbe hat, vom Herd nehmen, den Ahornsirup und die Butter einrühren, beiseite stellen.

Mehl, Backpulver, Ingwer und Zimt in einer Rührschüssel vermischen. Eier und Milch verquirlen, zusammen mit der Sirupmischung unter das Mehl rühren.

Den Knethaken aus dem Backbehälter nehmen, den Teig hineinfüllen und glatt streichen. Das Programm »Backen« starten und die Zeituhr auf 50 Minuten stellen, dann mit einem Holzspieß die Garprobe machen. Ein mitten in den Kuchen gestochener Holzspieß muss sauber herauskommen. Hängt noch Teig daran, die Backzeit um 5–10 Minuten verlängern.

Den Behälter nach dem Backen aus dem Gerät nehmen, den Kuchen aber 10 Minuten darin ruhen lassen, dann auf ein Kuchengitter stürzen und vor dem Anschnitt weitere 5 Minuten ruhen lassen.

Überraschungen aus dem Brotbackautomaten

Während ich die Rezepte dieses kurzen Kapitels ausprobierte, summte ich oft einen von George und Ira Gershwin komponierten und getexteten Song vor mich hin: »They All Laughed« von 1937. Diese im Brotbackautomaten zubereiteten Rezepte sind in der Tat so weit davon entfernt, Brote zu sein, dass es zum Lachen ist. Aber das Gerät ist nun einmal ein Mittelding zwischen Backofen und Kochkessel, warum also seine Möglichkeiten nicht auch für scheinbar Abwegiges nutzen? Die Rezepte sind das Ergebnis meiner Versuche, und ich meine, sie sind alle recht gelungen und beweisen, dass sich die Anschaffung des Gerätes lohnt, weil man es eben vielfältiger nutzen kann, als nur Brot und Kuchen darin zu backen. Die Möglichkeiten, Hackbraten und Suppen im zweckentfremdeten Backbehälter zuzubereiten sind unendlich; der einzige Nachteil, der Backbehälter muss hinterher deutlich gründlicher gespült werden.

Als ich Gästen diesen Hackbraten servierte, sagte ich nicht, dass er im Brotbackautomaten gegart war. Als ich nach dem Essen die Katze aus dem Sack ließ, war man schockiert. Aber wieso? Ein Laib ist ein Laib, und schließlich hat auch der konventionell zubereitete Hackbraten die Form eines Brotlaibs. Als Beilage passt übrigens das Kartoffel-Dill-Brot von Seite 41 besonders gut dazu.

Hackfleischlaib

Für 6–8 Portionen

750 g Rinderhackfleisch
1 fingerdicke Scheibe
  roher Schinken,
  fein gehackt
150 g Zwiebel,
  fein gehackt
1 Karotte, sehr klein
  gewürfelt
1 Stange Staudensellerie,
  sehr klein gewürfelt
250 g gekochter Reis
  oder zerbröseltes
  Weißbrot
1 TL getrocknete
  Kräutermischung
2 EL Pflanzenöl
2 Eier, leicht verquirlt
½ TL Salz
2–3 EL Tomatenketchup

Alle Zutaten in einer Schüssel mit den Händen zu einem Fleischteig verkneten. Den Knethaken aus dem Backbehälter nehmen. Ein Viertel des Fleischteigs in den Behälter geben und fest bis in alle Ecken hineindrücken. Den restlichen Fleischteig in den Behälter füllen und ebenfalls gut hineindrücken. Das Programm »Backen« starten und die Zeituhr auf 75–80 Minuten einstellen. Um zu testen, ob das Fleisch durchgegart ist, ein Fleischthermometer tief hineinstecken; es sollte mindesten 68 °C anzeigen. Oder stecken Sie einen Metallspieß hinein, er sollte sauber, heiß und trocken herauskommen.

Den Backbehälter aus dem Gerät heben und das Fleisch darin 10 Minuten ruhen lassen. Dann erst vorsichtig die gesammelte Flüssigkeit abgießen, ohne dass das Fleisch herausgleitet. Den Laib selbst sehr vorsichtig auf eine Servierplatte stürzen, damit er nicht bricht. Die Oberfläche mit Tomatenketchup bestreichen und servieren.

Ob Sie Kalb- oder mageres Schweinefleisch oder gemischtes Hackfleisch verwenden, wie man es für Frikadellen nimmt, ist grundsätzlich egal – dieses Gericht ist einfach köstlich. Der Hackbraten ist nebenbei eine gute Möglichkeit, altes, schon trocken gewordenes Brot aufzubrauchen.

Kalbshack mit Kräutern und Senf

Für 6–8 Portionen

75 g altbackenes Brot, zerkrümelt
100 ml Milch
650 g Hackfleisch (Kalb, Schwein oder gemischtes Hack)
275 g Zwiebel, fein gehackt
6–8 EL frisch gehackte Kräuter (Petersilie oder Salbei oder Estragon oder eine Mischung davon)
1 EL trockener Weißwein
1 EL Senf
1 EL Pflanzenöl

Das Brot in der Milch einweichen. Alle übrigen Zutaten in einer Schüssel mit den Händen zu einem Fleischteig verkneten und das eingeweichte Brot einarbeiten. Den Knethaken aus dem Backbehälter nehmen. Ein Viertel des Fleischteigs in den Behälter geben und fest bis in alle Ecken hineindrücken. Den restlichen Fleischteig in den Behälter füllen und ebenfalls gut hineindrücken. Das Programm »Backen« starten und die Zeituhr auf 75–80 Minuten einstellen. Um zu testen, ob das Fleisch durchgegart ist, ein Fleischthermometer tief hineinstecken; es sollte mindesten 68 °C anzeigen. Oder stecken Sie einen Metallspieß hinein, er sollte sauber, heiß und trocken herauskommen.

Den Backbehälter aus dem Gerät heben und das Fleisch darin 10 Minuten ruhen lassen. Dann erst vorsichtig die gesammelte Flüssigkeit abgießen, ohne dass der Braten herausgleitet. Das Hackfleisch sehr vorsichtig auf eine Servierplatte stürzen, damit er nicht bricht.

Wählen Sie einen Kürbis mit festem, schmackhaftem Fruchtfleisch. Ich empfehle Butternusskürbis oder Hokkaido. Reichen Sie ein leckeres Brot, beispielsweise das Buchweizenbrot von Seite 27 dazu. Die Suppe reicht für zwei bis drei Portionen.

Kürbissuppe mit Pesto

Für 2–3 Portionen

350 g küchenfertiges
  Kürbisfleisch, mund-
  gerecht gewürfelt
350 g Zwiebeln,
  grob gehackt
4 Knoblauchzehen,
  grob gehackt
2 TL Pflanzenöl
½ TL getrocknete
  Kräuter der Provence
1 l Hühner- oder
  Gemüsebrühe
1 EL fein gehackte
  Petersilie
1 EL Olivenöl
1 EL Pesto
  (Fertigprodukt)
frisch geriebener
  Parmesan

Den Knethaken aus dem Backbehälter nehmen. Kürbis, Zwiebeln, Knoblauch, Pflanzenöl, Kräuter und Brühe hineingeben. Das Programm »Backen« starten und die Zeituhr auf 75 Minuten stellen. Gelegentlich umrühren, besonders während der letzten 30 Minuten. Probieren Sie ein Stück Kürbis, falls es noch nicht weich und gar ist, die Garzeit um bis zu 20 Minuten verlängern. Im abgeschalteten Gerät hält sich die Suppe bis zu 20 Minuten warm.

Die Suppe auf Teller verteilen. Jeweils etwas Petersilie darauf streuen, etwas Olivenöl darüber träufeln und einen Klacks Pesto darauf setzen. Mit geriebenem Parmesan, von dem sich jeder selbst bedient, servieren.

Ein Klassiker, der immer wieder für Begeisterung sorgt.

Hühnersuppe mit Reis

Für 2 Portionen

- 100 g Langkornreis
- 1 l Hühnerbrühe
- 2 Stangen Staudensellerie, in kleinen Stücken
- 2 Knoblauchzehen, fein gehackt
- 2 Schalotten, fein gehackt
- ½ TL getrockneter Estragon
- 100 g enthäutetes Hähnchenbrustfilet, in Streifen geschnitten
- 1 EL frisch gehackte Petersilie (oder nach Geschmack auch Dill)

Den Reis 20 Minuten in kaltem Wasser einweichen, dann abspülen und gut abtropfen lassen. Den Knethaken aus dem Backbehälter nehmen. Die Zutaten (bis auf das Hähnchenfleisch) hineingeben. Das Programm »Backen« starten und die Zeituhr auf 60 Minuten einstellen. Gelegentlich umrühren, besonders während der letzten 30 Minuten. Probieren Sie ein paar Reiskörner; falls sie noch nicht weich und gar sind, die Garzeit um bis zu 10 Minuten verlängern.

Wenn der Reis gar ist, das Hähnchenfleisch in die Suppe geben, durchrühren und den Kochvorgang um 5–10 Minuten verlängern. Die Suppe mit frischen Kräutern bestreut servieren.

Die im Backbehälter des Automaten gegarte Polenta braucht weniger Aufsicht als die im Topf zubereitete. Wahrscheinlich liegt es daran, dass die Hitze von allen Seiten und nicht nur vom Topfboden kommt. Wie auch immer, es ist eine glückliche Entdeckung, besonders zur Zubereitung einer sehr festen Polenta, die man zum Grillen oder Aufbacken aufschneidet. Verwenden Sie zum Rühren unbedingt einen Holz- oder Silikonlöffel, damit der Backbehälter nicht verkratzt.

Polenta

Für 4–6 Portionen als Beilage

125 g Polenta (grober Maisgrieß)
850 ml Wasser
1 TL Salz
2 EL Olivenöl
frisch geriebener Parmesan (nach Geschmack)

Den Knethaken aus dem Backbehälter entfernen. Die Zutaten – bis auf Olivenöl und Parmesan – in den Behälter geben und sehr gut durchrühren. Das Programm »Backen« starten und die Zeituhr auf 40 Minuten stellen. Zwischendurch drei bis vier Mal umrühren, mehr ist nicht nötig. Die Polenta ist fertig, wenn sie weich und cremig ist. Rühren Sie dann das Öl und den geriebenen Parmesan ein und servieren Sie sie als Beilage.

Für eine feste, zum Grillen geeignete Polenta verlängern Sie die Garzeit um 5 Minuten. Rühren Sie dann das Öl und den Käse gründlich ein und streichen Sie die Oberfläche glatt. Lassen Sie die Polenta im Backbehälter völlig auskühlen. Sie können sie dann auf ein Schneidbrett stürzen, im Kühlschrank bedeckt gut durchkühlen lassen, in Scheiben schneiden und grillen oder in einer beschichteten Pfanne aufbacken.

Register

Danksagung

Mein Dank gilt zunächst den Mitarbeitern von Kyle Cathie Books – dem besten Verlag, den man sich als Verfasser von Kochbüchern wünschen kann – ,vor allem meinen Lektorinnen Jennifer Wheatley und Catharine Robertson.

Die Fotos in diesem Buch stammen von Will Heap; Annie Rigg und Rachel Wood kochten die Rezepte nach und sorgten für das Food Styling, wobei sich Sue Rowlands um die Requisiten kümmerte. Für das Layout sorgte Mark Latter. Ihnen allen mein herzlicher Dank.

Besonderer Dank gilt verschiedenen Leuten, die mir mit Rat und Tat zur Seite standen. Bryony Allen lieh mir ihren Brotbackauto- maten, mit dem ich Rezepte ausprobierte, was die Arbeit deutlich beschleunigte. Roz Denny, Fran Warde, Sally Cox, Sue Lawrence sowie John und Mary Whiting gaben mir Rezepte und tauschten Ihre Ansichten mit mir. Folgende Rezepte wurden inspiriert durch Bücher und Rezepte dieser wunderbaren Kollegen: Seite 17: Fran Warde; Seite 23: Andrew Whitley, The State of Modern Bread and a Definitive Guide to Baking Your Own; Seite 31 unten: Maria Kaneva-Johnson, The Melting Pot: Balkan Food and Cookery; Sei- te 33: Linda Collister, Bread: From Ciabatta to Rye; Seiten 41, 59: Paul Hollywood, Hollywood`s 100 Great Breads; Seite 63: Richard Corrigan, Richard Corrigan´s Cookbook; Seite 88: Alice Waters, Chez Panisse Pasta, Pizza & Calzone; Seite 92: Carol Field, Focac- cia: Simple Breads from the Italian Oven; Seite 94: Sally Clarke, Recipes from a Restaurant, Shop and Bakery; Seite 99: Charmaine Solomon, The Complete Asian Cookbook; Seite 100: Maggie Glezer: A Blessing of Bread; Seite 101: Fergus Henderson, Nose to Tail Eating; Seite 117: Roz Denny; Seite 124: Mireille Johnston, French Cookery Course: Part One.

Wie immer gilt mein Dank meiner Frau, Emma Dally, sowie meinen Töchtern Rebecca, Alice und Ruth. Sie alle kosteten die Früchte meiner Arbeit und gaben mir nützliche Tipps, die mir beim Testen der Rezepte sehr nützlich waren, ja Rebecca und Alice steuerten selbst Rezepte bei.